RÉPONSE

AUX MÉMOIRES

DE M. DE MONTALEMBERT,

Publiés en 1790.

RÉPONSE

AUX MÉMOIRES

DE M. DE MONTALEMBERT,

Publiés en 1790,

Sur la fortification dite perpendiculaire, *la composition des casemates inexpugnables, la multiplication illimitée des bouches à feu, le projet d'enceindre le Royaume par des* lignes imprenables, *& autres idées d'une apparence très-importante ;*

Pour servir d'apologie aux principes observés dans le Corps - royal du Génie.

Par le Colonel D'ARÇON.

A PARIS,

M. DCC. XC.

RÉPONSE
AUX MÉMOIRES
DE M. DE MONTALEMBERT,

Publiés en 1790;

Sur la fortification dite perpendiculaire, *la composition des casemates inexpugnables, la multiplication illimitée des bouches à feu, le projet d'enceindre le Royaume par des lignes imprenables, & autres idées d'une apparence très-importante ;*

Pour servir d'apologie aux principes observés dans le Corps - royal du Génie.

Par le Colonel D'ARÇON *(a).*

IL y a quelquefois du désavantage, aux yeux même de la raison, à n'avoir à soutenir que

---

(a) Ces réponses soumises à l'examen des gens de l'art, ont été adoptées (quant aux principes discutés) par les Officiers du Génie soussignés.

le parti de la raison. Un auteur s'avance &
nous promet des fortifications imprenables:
ce seul mot lui assure un grand nombre de
suffrages, tellement qu'à peine on ose rappeler
*qu'il n'est rien entre ce que les hommes peuvent
édifier, que des hommes en plus grand nombre
ne soient toujours en état de détruire;* que c'est
là nature des choses qui en a fait une loi inévitable. On sent bien à peu-près que c'est une
vérité de tous les temps, mais on la retient
confusément, & l'on ne laisse pas de s'indisposer
involontairement contre la raison sévère qui
vient nous arracher une superbe espérance.

Le public pourtant n'est point injuste; mais
d'une illusion qui lui échappe, il exige qu'on
l'en dédommage par des dispositions calculées,
dont la valeur puisse atteindre ou au moins
approcher des limites des moyens possibles.

Or, nous n'avons à opposer aux merveilles
annoncées, que l'intention suivie de profiter
de tout ce qui existe, que des principes
constamment observés d'économiser sur les
travaux de l'art, en les associant aux obstacles
de la nature. Nous ne pouvons offrir que des
préparations mesurées sur l'étendue des facultés
de l'État, des dispositions proportionnées à

l'importance des objets, & l'occasion toujours
saisie de faire valoir toutes les ressources de
l'industrie défensive ; nous ne pouvons répondre enfin ; qu'en montrant une chaîne de
forteresses qui, malgré des revers en tous
genres, nous a cependant valu cet ascendant
remarquable de pouvoir rejeter toujours en
dehors de nos frontières, les désastres que
la guerre entraîne après elle.

Nous croyons que d'après cet exposé, l'on
pourroit déjà se rassurer un peu. On prendra
plus de confiance, lorsqu'on saura que dans
les nouveaux systèmes, les défenseurs, déjà
moralement affoiblis par l'idée des casemates
invulnérables, seroient physiquement exposés
aux dangers de s'y voir ensevelis sous leurs
décombres, lorsqu'on apercevra sur-tout
qu'une artillerie immense n'auroit été accu-
mulée que pour ajouter une si riche dépouille
aux trophées des attaquans. Jusqu'alors notre
agresseur paroîtra sous des dehors très-
imposans. Il s'annonce en effet, dans ses
derniers Mémoires, par une *épître aux
Officiers du Génie*, dans laquelle il les défie
tous ; & pourtant il les prend pour juges, &

Il suppose que cette confiance est *un dilemme sans réplique.* . . . Il faut donc qu'il les croye bien généreux ; car , passé l'épître assez modérée, il les attaque, il les dénigre, il les dénonce même, & avec tant de passion, que leur jugement paroîtroit suspect. Ils n'acceptent donc point la commission de juges ; ils sont attaqués, ils se défendront, & s'ils attaquent à leur tour, ce sera moins pour en exercer le droit légitime, que pour éclaircir des questions liées aux intérêts & à la sûreté de l'État.

Nous pensons d'ailleurs qu'un corps ne peut pas être blessé par les expressions offensantes d'un auteur à système, quel qu'il soit ; nous croyons même qu'on lui doit de l'indulgence ; car, dans le malheur de se croire un génie créateur, l'amour-propre nécessairement compromis, est excusable dans ses écarts.

Les transitions de l'auteur, d'un objet à l'autre, ses répétitions, ses attaques morcelées & le désordre de sa marche, seroient très-propres à nous entraîner avec lui dans une foule de détails fastidieux ; c'est le piège que nous tend un adversaire très-insidieux. Nous tâcherons de l'éviter, en ramenant les questions sous les rapports militaires les plus importans : il le faut même, car dès qu'il fera reconnu que telles dispositions principales ne font pas recevables, il est sensible que les détails qui y seroient accessoires, ne préfenteroient plus aucune espèce d'intérêt. Ce font des calculs approfondis fur de pareils détails, qui ont fait manquer l'effet d'un ouvrage volumineux, qui par cette raison étant presqu'ignoré, n'a fait qu'encourager un adversaire infatigable, & qui fait se servir habilement de la paresse des lecteurs. Il paroît d'ailleurs que les Officiers du Génie ont trop négligé le principal des systèmes, dont l'énoncé seul leur sembloit devoir dispenser de toute autre critique : mais enfin il n'est plus possible de dédaigner des atteintes renouvelées sur un art dont les rapports deviennent plus intéressans depuis que le génie national prenant un autre cours, semble avoir donné aux moyens de l'industrie défensive une prépondérance plus marquée.

On s'étonnera peut-être de nous voir quelquefois traiter férieusement des propositions excessivement extraordinaires. On voudra bien se rappeler alors que ces mêmes propofitions, avant d'être traduites, ne laiſſoient pas d'en impoſer, de ſéduire même & de trouver des partiſans.

Sur le projet de rendre les Places imprenables.

M. de Montalembert ſe préſente dans l'arène avec tous les caractères de l'invulnérabilité. Paſſons ſur des traits de jactance qui ne peuvent inſtruire ; attachons-nous au fort des propoſitions.

L'auteur nous annonce d'abord *que de l'impénétrabilité de nos frontières, dépend ſans doute la conſervation du royaume. . . .* On ne peut aſſurément lui conteſter cette maxime ; il ne s'agit plus que d'établir ces moyens d'imprenabilité, & voici comment. *Ces principes fondamentaux ſont, dit-il, à la portée de tout le monde ; ils conſiſtent à donner à l'aſſiégé les moyens de placer à couvert de tous les feux de l'aſſiégeant, une artillerie ſupérieure à la ſienne, dans la proportion de douze, quinze & vingt pièces de canons contre une, ſur toute l'étendue du front d'attaque : or,* continue l'auteur de cette vaſte conception, *ſi l'on ne peut diſconvenir que vingt pièces bien couvertes de l'aſſiégé, détruiront une pièce de l'aſſiégeant, il faut en conclure que l'artillerie de ce dernier sera détruite par celle du premier ; mais sans artillerie, on ne peut ouvrir les remparts d'une place, & sans une brèche on ne peut y pénétrer ; ainsi donc elle ne pourra être prise.* (Page 2, premier Mémoire.)

Telle est la base sur laquelle repose le grand système de l'imprenabilité des places. Ce qui est singulièrement remarquable, c'est que cette chimère est appuyée sur un raisonnement assez plausible. En effet, personne ne s'avisera de contester que tout assiégeant qui auroit la sottise de se présenter à une attaque avec une pièce d'artillerie contre vingt, ou dans cette proportion, seroit renvoyé honteusement ; il n'y a pas un mot à répondre à cette proposition ; il est même de la plus parfaite évidence, que les attaquans ainsi condamnés à n'avoir qu'une pièce de canon, lorsque les défenseurs en auront vingt, ne s'aviseront jamais de former aucun projet d'attaque. Il n'y aura plus d'attaquans ; donc les places seront décidément imprenables.

Mais par quel mystère les assiégés, qui n'occupent qu'un point, pourront-ils acquérir & conserver une si grande supériorité de moyens contre des attaquans à qui l'espace ne peut manquer, puisqu'ils ont la faculté toujours libre de cerner les défenseurs? par quel enchantement les défenseurs (qui ne se défendent que parce qu'ils sont foibles), tout-à-coup en géans transformés, pourroient-ils se trouver supérieurs en vivres, en munitions, en artillerie, en espace pour la développer, & en hommes pour la servir?... *C'est par l'entremise des casemates*, dit M. de Montalembert, & c'est ce qui mérite toute notre attention.

Les fronts de fortification, dans l'étendue que peut embrasser une attaque, ne peuvent comporter qu'un nombre déterminé de bouches à feu, & ce nombre a toujours été subordonné à celui des attaquans : cela est assez connu ; mais on peut doubler ce nombre, on peut le tripler & même le quadrupler par le moyen de différens étages de casemates : voilà le secret de l'auteur des systèmes. Il ne reste qu'une grande difficulté, c'est celle de pouvoir faire agir simultanément cet immense appareil de canons, & puis l'on verra ensuite qu'il y a impossibilité de pouvoir même les faire agir successivement.

En effet, fi les pièces couvertes dans les
cafemates jouiffent de l'avantage de ne pouvoir
être en prife dès la feconde parallèle, par un
retour inévitable elles ne découvrent point
non plus les batteries attaquantes de la feconde
parallèle. L'auteur du fyftème fe montrera
dans fa défenfe, ou bien il fe cachera dans
fes cafemates; & fans doute il fe cachera,
car s'il ofoit fe montrer en totalité, fi la partie
attaquée pouvoit découvrir, je fuppofe, jufqu'à
trois cents bouches à feu, il n'y auroit donc point
de contrefcarpe; & dans ce cas, le *compofiteur*
n'ayant donné que quatre pieds d'épaiffeur
aux murailles de fes cafemates, feroit battu
de loin, on ruineroit fes embrafures, on
mettroit les caves au grand jour, on ouvriroit
des brèches enfin, & les attaquans feroient
ainfi difpenfés des travaux pénibles & meurtriers des cheminemens *(b).* Remarquez que

_____

(b) L'expérience a fait connoître que l'on peut faire
brèche à trois cents toifes de diftance, contre des murs
terraffés de huit pieds d'épaiffeur & parfaitement conftruits;
à plus forte raifon, pouvant fe rapprocher à deux cents
toifes contre des murs fans confiftance, de quatre pieds
d'épaiffeur, & n'ayant pour contre-forts que des pieds
droits de trois pieds, efpacés de vingt-fept en vingt-fept
pieds.

se tenant ainsi à grande distance, les assaillans n'auroient pas même besoin de la supériorité du nombre des canons; il leur suffiroit dans ce cas, de dérober le premier appareil de leurs batteries par des masses pleines; ils les tiendroient masquées, & se donneroient tout le temps nécessaire de les consolider. Que seroit alors l'artillerie des casemates supposées découvertes? elle battroit très-inutilement les masses de terre servant de masque aux préparations des batteries de l'attaquant; mais celles-ci tout-à-coup démasquées, ruineroient dès les premiers coups la mince enveloppe des casemates. Le moindre signe de brèche feroit trembler les défenseurs, ils se rendroient, & d'autant plus promptement, qu'ils ne seroient rassurés par aucuns flancs ni par aucuns fossés. On voit que dans cette supposition, il n'y auroit réellement pas de défense, & l'attaque se réduiroit à une canonnade lointaine qui ne dureroit pas trois jours.

Ce n'est donc pas ainsi qu'on doit l'entendre, & nous devons supposer en effet que l'auteur du système voudra profiter de tous ses avantages; il se proposera sans doute de dérober fes feux, car ce n'eſt pas ſans raiſon qu'il les appelle des *feux couverts (c)*. Il aura donc une maſſe de contreſcarpe, par le moyen de laquelle il réſervera les feux des caſemates. C'eſt ainſi que du moins il obligera les attaquans au développement de l'appareil des chemine-mens; mais auſſi dans cette hypothèſe des feux couverts, les attaquans n'auront plus à combattre ſimultanément la totalité des feux de la défenſe; ils ſe trouveront à cet égard dans la ſituation ordinaire, & ils n'auront plus à faire qu'au premier étage des feux à ciel ouvert, lequel, d'après les non - valeurs néceſſaires des fauſſes directions, ne pourroit être tout au plus que de cinquante à ſoixante pièces de canon. Dans cette ſituation, les attaquans procéderont en ſupériorité bien plus que ſuffiſante avec cent cinquante pièces, proportion qui ne paſſe pas les facultés d'un

_____

(c) C'eſt par un véritable ſcrupule que nous cher-chons à mettre ici l'auteur dans tous ſes avantages, car on verra qu'il nous propoſe un projet de fort abſol·ment décharné, ſans foſſé, & qui préſente une grande muraille très-mince, toute nue & percée pour quatre étages de feux.

affiégeant. Avec cela ils ruineront les feux
découverts de la place, & avec d'autant plus
de facilité, que la *dentelle angulaire* du fyftème de l'auteur (dont il fera fait mention
à la fuite) donne la plus grande prife aux
ricochets.

Les attaquans chemineront par conféquent
à la faveur de l'extinction totale de ce premier étage de feux, & ils poufferont leurs
approches jufqu'à ce qu'ils puiffent découvrir
le fecond étage des feux renfermés dans les
cafemates. Arrivés à ce point, au moment
de la découverte des nouveaux feux, ils dé-
roberont le premier appareil d'une grande
fape, ce qui fera l'affaire d'une nuit, ainfi
que nous en avons l'exemple.

Voilà donc les attaquans à la vue du fecond
étage des feux, & cependant parfaitement
à couvert. Que pourra faire alors l'artillerie des cafemates ? elle s'épuifera à battre
inutilement les terres de la fape, & pendant
ce temps-là, rien n'empêchera les attaquans
de répaiffir & de renforcer le maffif qui doit
fervir à leur batterie ; ils en travailleront les
embrafures en dedans, en tenant le travail

masqué & les travailleurs toujours à couvert *(d)*.

Après cette préparation exécutée en toute sécurité, les attaquans, démasquant tout-à-coup leurs embrasures, seroient en état d'opposer cent pièces de canons, si elles étoient jugées nécessaires, à l'artillerie du second étage des casemates, qui, déduction faite des parties refusées, ne pourroit faire entrer, au plus, que cinquante pièces en action.

On reconnoîtra bientôt que la supériorité appartiendroit encore à l'artillerie en plein air sur celle renfermée dans les casemates, quand même elle n'auroit pas l'incontestable avantage du nombre; mais nous nous bornons ici à cette supériorité numérique, attendu qu'elle suffit

---

(d) Cette manière de procéder, a été employée avec un succès complet & sans perte d'hommes vis-à-vis le plus grand feu dont on ait étonné le monde. Il seroit triste qu'une manœuvre aussi sûre & aussi simple éprouvât quelques contradictions, ou que la rivalité des corps assiégeans obligeât à doubler cette opération, en perdant l'avantage de pouvoir la dérober, & cela uniquement pour faire séparer le travail de la sape, de celui de la batterie, pour faire distinguer l'un & empêcher qu'on ne le confondît avec l'autre.

pour foutenir l'action primante de l'artillerie
des attaquans, & il fuffit de cette continuation
d'action pour ruiner les joues des embrafures
dès la première journée.

On objecteroit en vain, que les étages inférieurs des cafemates doubleroient ou triple-
roient l'artillerie de la défenfe. Cela ne fe
peut pas, par la raifon que l'attaquant fera
toujours le maître de n'avancer fa batterie-
fape que jufqu'au point néceffaire pour découvrir l'étage fupérieur des cafemates; il fe
prêtera d'autant moins aux feux inférieurs, que
l'on va voir qu'il peut les entraîner dans la
ruine de l'étage d'en haut.

En cet état de chofes, les boulets attaquans,
multipliés par les éclats qu'ils produiroient
dans les embrafures, les mettroient dès le
fecond jour hors d'état de fervir. Le troifième
jour, les murailles des cafemates feroient ouvertes, & bientôt les décombres de ces murs,
ainfi que ceux de la voûte, tombant en dehors
& en dedans, mafqueroient les embrafures
des cafemates inférieures & en feroient crouler
les planchers; car il ne faut pas oublier que
M. de Montalembert ne fait qu'une feule voûte

pour deux, trois ou quatre étages de cafemates; ces étages ne font marqués que par
des planchers, & ces planchers feroient écrafés
par la chute des décombres de la voûte qui
couvre l'étage fupérieur *(e)*.

Dès-lors les défenfeurs reftent fans ref-
fources; tous leurs compartimens font confon-
dus dans un feul tas de ruines; une artillerie
immenfe eft enfevelie fous des décombres.

(e) Des défauts de conftruction impardonnables prê-
teroient merveilleufement à la deftruction totale de ce
grand appareil de cafemates; il fuffiroit de la chute d'une
voûte pour entraîner toutes les autres; & pour faire
crouler une voûte, il ne faudroit que quelques coups
adreffés vers l'un des pieds droits, à l'endroit de la
lunette qui fert de paffage d'une cafemate à l'autre: dès-
lors, des coups de hafard feulement ruineroient bien
au moins l'un des pieds droits de ces lunettes; il n'en
faudroit pas davantage; la voûte fupportée par ces frêles
appuis, s'écraferoit néceffairement. Ce n'eft pas tout;
les pieds droits de ces voûtes n'ayant que trois pieds
d'épaiffeur, ne font que de foibles piles, & ne pouvant
tenir lieu de culée, l'équilibre de la pouffée des voûtes
feroit rompu : la chute de l'une des voûtes entraîneroit
par conféquent celle de la voûte voifine, & le croulement
de celle-ci, l'éboulement d'une autre; & ainfi de fuite
de l'une à l'autre, comme on voit effacer un château de
cartes par l'attouchement d'un feul point.

Si du moins quelques coups de vigueur pouvoient réparer ces désastres ! mais non, il n'existe aucuns moyens préparés pour rappeler la défense active; les brèches sont ouvertes, l'inquiétude s'empare des esprits, la reddition est inévitable.

Que faut-il donc penser de cette imprenabilité annoncée avec tant de bruit? Mais il reste à M. de Montalembert de grandes ressources de détail... Voyons donc ces ressources, il faut les apprécier. Il nous dira, par exemple, que *les embrasures de ses casemates sont très-étroites, & qu'elles ne donnent que peu de prise... que les embrasures des attaquans au contraire forment de vastes entonnoirs... que l'artillerie assiégeante n'est couverte que par quelques gabions remplis de terre remuée* (page 2). Nous observerons d'abord que la commotion du souffle des bouches à feu, entre des ouvertures aussi resserrées que celles que propose l'auteur, aidera beaucoup à l'accélération de la ruine des embrasures. D'ailleurs, c'est n'avoir jamais vu de siége, que de supposer que les batteries attaquantes ne sont *couvertes que par quelques gabions remplis de terre remuée.* Pourquoi M. de Montalembert

ne

ne fait-il pas que ces batteries font épaiffes,
confiftantes, & que les terres en font battues
& redoublées par des doubles ou triples épaiffeurs de faucifons ? Pourquoi diffimuler qu'il
ne s'agit point, dans ce cas, d'augmenter le
champ du tir horizontal ; qu'on ne doit fe
propofer ici que de tirer devant foi ; que par
conféquent les embrafures des attaquans pour-
ront être réduites aux plus petites ouvertures, & qu'on évitera *ces vaftes entonnoirs*
qui réfulteroient de l'évafement fuperflu de
leur joue ? D'ailleurs, quelque favorable-
ment que foient difpofées les cafemates pour
l'évacuation de la fumée, encore faudra-t-il
un efpace de temps quelconque, après qu'on
aura tiré, avant de pouvoir apercevoir les
objets fur lefquels on fe propofera d'ajufter :
il n'en faudroit pas davantage pour affurer la
fupériorité à l'artillerie en plein air, quand
même elle ne feroit pas déjà fupérieure par
le nombre. Ce feul moment où la fumée
fe diffipe dans les cafemates même les plus
aërées, fuffiroit pour faire primer l'artillerie
extérieure, ne fût-elle même qu'égale, & il
ne faut pas oublier qu'elle eft en nombre

B

double ; elle profiteroit donc de cet avantage du moment pour affurer la précifion du tir : à une fi petite portée , elle ne manqueroit pas un feul coup dans les embrafures maçonnées , dont la ruine & les éclats feroient déguerpir inftamment les cafemates.

Il fuit de-là, que plus M. de Montalembert auroit accumulé de richeffes en artillerie dans une place, plus on lui en prendroit.

Voilà pour le fond du fyftème ; mais il s'y joint beaucoup d'autres confidérations qu'il convient d'expofer , moins pour achever la ruine d'un fyftème qui tomberoit affez fans nous , que pour favorifer le développement des progrès de l'art ; car on ne peut abattre un travers qu'il n'en réfulte des rectifications , & par fuite, de nouveaux degrés de force pour accréditer les vrais principes.

Cependant, comme l'auteur attaque le corps du Génie en efcarmoucheur , tantôt fur un point & tantôt fur d'autres, nous ferons quelquefois obligés de nous détourner pour le fuivre. Il attaque auffi *les Miniftres, dont l'infouciance*, dit-il, *fait que l'on continuera de faire mal & auffi chèrement* (page 3).

On n'imagineroit pas que celui qui parle ainſi, eſt le même préciſément qui profitant un moment de l'inſouciance d'un Miniſtre, a occaſionné à l'État une dépenſe conſidérable pour un *fort proviſionnel* qui remplit effective-ment ſa deſtination *proviſionnelle*, ſi compléte-ment, qu'il n'atteindra pas, dit-on, à quinze ans de durée. Nous aurons occaſion d'y revenir.

Il n'étoit pas difficile à M. de Montalem-bert de trouver les Miniſtres en faute, dès qu'il leur fait un crime d'*avoir mis les fortifi-cations du royaume ſous la direction du corps du Génie*. Il en donne la raiſon; *c'eſt parce qu'attaché irrévocablement à ſes anciennes mé-thodes, les différens Officiers de ce corps peuvent faire conſtruire les plus mauvais ouvrages, en les donnant pour excellens, & qu'ils peuvent faire les fautes les plus eſſentielles ſans qu'elles puiſſent être connues.* (page 4). Si les ci-devant Chevau - légers de la garde avoient fait des fautes de cavalerie, je doute qu'on ſe fût adreſſé aux Officiers du Génie pour les réparer. Par un juſte retour, M. de Mon-talembert voudra bien faire grâce à ceux des Miniſtres qui ont penſé qu'il étoit aſſez naturel de confier les fortifications au Corps fortifiant.

A l'égard des fautes commifes en fortification par les Officiers du Génie, on verra que
fi l'on s'en rapportoit à M. de Montalembert,
ils auroient fouvent à le remercier d'une cenfure qui n'auroit fervi qu'à faire valoir beaucoup de fervices oubliés ; mais comme ils
ne prétendent nullement à l'infaillibilité, ils
n'en retireront aucun avantage.

N'apercevant pas d'abord l'objet de cette fortie
contre les Miniftres *(f)* & contre le Génie,
il a fallu deviner que M. de Montalembert fe
défignoit lui-même pour la direction générale
des fortifications du royaume. C'eft à quoi l'on
trouveroit d'autant plus de convenance, fi l'impofante idée de l'imprenabilité des frontières
pouvoit fe foutenir ; & cela eft d'un fi grand intérêt, que nous ne négligerons aucuns des moyens
qu'il propofe pour cet important fervice.

Parmi ces moyens, il lui eft utile de repré-
fenter les Officiers du Génie comme des

(f) On aura dit à l'auteur, qu'ataquer des Miniftres,
c'étoit aujourd'hui un moyen de fe faire écouter. Il ne réfifte
pourtant pas au plaifir de déclarer *qu'il a reçu des éloges
de tous les Miniftres.* (Page 38, fecond Mémoire.)

aveugles *irrévocablement attachés à leurs anciennes méthodes ;* & pourtant il les accuse de plagiat, il leur reproche d'*avoir cherché à imiter ses compositions dans les forts de Cherbourg, mais qu'ils les avoient mal imitées* (page 5). Il semble qu'une imitation, fût-elle même imparfaite, n'annonce pas que l'on soit *attaché irrévocablement aux anciennes méthodes.* Ce n'est ici qu'une légère inadvertance ; mais ajoutée à d'autres, elle prendra du poids, & l'on fera connoître d'ailleurs ce qu'il faut penser de cette prétendue imitation.

Sur le principe exclusif de la multiplication des feux.

NOUS ne suivrons pas l'auteur des systèmes dans ce long & puérile procès qu'il suscite à M. de Caux, pour savoir qui fournira le plus de feu sur un espace déterminé de la rade de Cherbourg. M. de Montalembert affirme qu'il donnera quatre-vingt-douze coups de canons par décharge, tandis que le fort Royal, qu'il prétend être une imitation de ses *compositions*, n'en peut donner que vingt-quatre (*page 15*).

B iij

M. de Caux répond qu'*il seroit fort utile, pour terminer toute discussion, que M. de Montalembert voulût bien se transporter lui - même à Cherbourg.* Ce n'est pas ainsi que l'entend celui qui prétend s'arroger une inspection générale sur toutes les fortifications du royaume. Il dit impérativement dans une lettre au Ministre (page 17): *Ordonnez que M. de Caux & M. Meunier se rendent ici avec leurs plans & mémoires ; alors je m'engage de démontrer irrésistiblement au Comité militaire, &c. . . . . C'est de cette seule façon,* ajoute-t-il, *qu'on peut terminer de frivoles discussions.*

Le Ministre ayant reconnu en effet la frivolité d'une pareille discussion, n'a point cité M. de Caux au tribunal de M. de Montalembert ; mais celui-ci n'a pas laissé de démontrer à sa manière, que son fort, tel qu'il le conçoit, fourniroit quatre - vingt-douze coups par décharge, tandis que celui de M. de Caux, tel qu'il existe, n'en peut fournir que vingt-quatre. Or, malgré l'erreur de cette proposition, nous ne nous engagerons pas à la mettre en évidence, & pour faire beau jeu à l'auteur du système, nous lui accor-

derons toute fupériorité à cet égard ; nous
fuppoferons qu'en effet il auroit pu remplir
cette intention de quadrupler les feux du Fort-
royal. Mais en lui accordant ce genre de
fupériorité, auquel il afpire exclufivement,
voudra-t-il bien nous prêter un moment d'attention ? Cette énorme cumulation de feux,
qui paroît être le principe unique de M. de
Montalembert, n'eft point du tout applicable
dans le cas dont il s'agit de la défenfe des
rades. En effet, l'ennemi arrivant avec des
vaiffeaux, & pouvant mettre fimultanément
en action cinq ou fix cents pièces de canons,
il feroit abfurde de prétendre rivalifer
avec lui par le nombre des bouches à feu :
ce n'eft donc point à la multiplication des
feux que l'on doit afpirer dans ce cas, mais
bien à la qualité & à l'efpèce des feux.
Compofez des batteries fimples & couvertes;
préparez-y les moyens de lancer des boulets
rouges ; réfervez d'ailleurs les emplacemens
néceffaires aux mortiers; faites que ces manœuvres puiffent s'exécuter en toute fécurité,
& votre objet fera complétement rempli.
Il le fera d'ailleurs avec la plus grande

économie poſſible; car de toutes les calamités de la guerre, il n'en eſt point de plus ruineuſe que celle de l'émulation des feux : ainſi, lorſqu'avec vingt pièces tirant à boulets rouges, on remplira ſûrement un objet, toutes les dépenſes que l'on feroit pour parvenir au même but avec deux cents pièces, ſeroient évidemment perdues. Que ſeroit - ce encore ſi ces moyens frayeux ne ſatisfaiſoient qu'imparfaitement aux deſtinations qu'il s'agit de remplir (g) ?

Or, le tir à boulet rouge a été porté dans les forts de Cherbourg à un degré de force, d'abondance & de célérité juſqu'à préſent

───────────────────────────────

(g) On pourra ſe rappeler que le rédacteur de ce Mémoire a éprouvé un affront ſanglant à l'occaſion des boulets rouges. On ignore peut - être qu'il n'a pas encore eu le crédit de faire connoître par des expériences authentiques, qu'il avoit prévu toutes les meſures néceſſaires pour parer à ce moyen de deſtruction. Un peu plus tôt ou plus tard, ces expériences ſeront exécutées publiquement; mais il eſt eſſentiel d'obſerver ici que ces précautions préſervatives, quoique très-ſimples, ne ſont pas de nature à pouvoir être employées par des vaiſſeaux; ainſi l'action des boulets rouges conſervera toujours toute ſa puiſſance dans le cas de la défenſe des rades.

inconnu; ce moyen préfente même une action
fi impofante & fi décifive, que nous ferions
difpofés à penfer, que peut-être on auroit
donné trop d'étendue à certaines mefures fortifiantes dans les forts de Cherbourg. On
auroit pu fe borner à affurer l'exécution du
tir à boulets rouges avec un moindre nombre
de pièces; ce qui eût nécefairement diminué
la dépenfe de conftructions *(h)*.

Quoi qu'il en foit, s'il étoit vrai qu'on eût
trop étalé de moyens d'artillerie dans les forts
de Cherbourg, nous ferions bien loin de l'auteur des fyftèmes, lui qui reproche aux Officiers
du Génie d'être trop foibles en nombre de
bouches à feu; lui qui prétend quintupler
fur eux à cet égard; ce qui ne pourroit
s'effectuer fans être ruineux & gigantefque.
Remarquez d'ailleurs que ces feux quintuplés
fe trouveroient encore de beaucoup inférieurs

(h) Quelques-uns penfent que l'on doit excepter le
Fort-royal de cette obfervation : comme il eft ifolé, &
que la communication en eft fouvent interrompue, il
exigeoit en effet une difpofition entière & qui pût fe
fuffire à elle-même. On fera bientôt à portée d'en juger;
toujours eft-il que ce fort remplit plus que complétement
fa deftination.

à ceux que l'ennemi pourroit mettre en action dans une rade; en sorte que, malgré les grands étalages des systèmes, on ne seroit pas encore assuré qu'ils pussent s'opposer à une passade momentanée des vaisseaux de l'ennemi.

Enfin cette vérité fera maxime dans le cas présent, à savoir que cinquante boulets enflammés procureront plus de sécurité qu'on ne pourroit en espérer de la part de quatre cent quatre-vingts pièces de canons, accumulées dans chacun des forts que propose l'auteur du système. Il répondra peut-être, *que qui peut le plus, peut le moins, & que les moyens outrés ne font point exclusifs du tir à boulets rouges.* Cela est vrai; mais pourquoi des moyens outrés ? & ne seroit-on pas toujours fondé à lui reprocher d'avoir fortifié sans mesure, & d'avoir mal-à-propos quintuplé les dépenses?

On peut juger déjà par aperçu, que les dépenses suivroient en effet à très-peu-près la proportion du nombre des pièces employées dans les deux manières; mais c'est sur cet article des dépenses que l'auteur va renouveler des déclamations scandaleuses (c'est le nom qu'il faut donner aux assertions vagues, substituées aux calculs pofitifs) ; car il fe gardera de fe commettre à donner des eftimations comparatives , mais nous le ferrerons de fi près , qu'il fera forcé ou d'avouer fa défaite, ou de fe taire ; ou fi c'étoit trop efpérer d'une manie invétérée , le public du moins n'y feroit plus trompé.

A la liberté des affertions, nous aurions beau oppofer des calculs fans réplique ; nombre de lecteurs penferoient peut-être *que ce font-là de ces procès de chiffres dont la folution eft abfolument impoffible.* Après ce qu'on a vu en fait de *procès de chiffres* fur des intérêts d'une toute autre importance, nous penfons qu'effectivement nous ne devons pas nous expofer à l'inexactitude volontaire des chiffres mal pofés ; il fera plus fimple d'ailleurs de traduire cette queftion en langage ordinaire.

Nous dirons par exemple, ce dont chacun eft déjà convaincu fans doute, que la conftruction d'une batterie de quatre-vingts pièces de canons coûtera toujours quatre fois autant qu'une batterie de vingt ; & cela eft fur-tout bien évident, s'il s'agit de comparer deux batteries fimples à ciel ouvert. Cela feroit encore plus vrai, s'il eſt permis de s'exprimer ainſi, ſi la batterie de quatre-vingts pièces étoit diſtribuée en deux étages de caſemates. Il eſt ſenſible en effet, que ſoit que les maçon- neries ſoient diſpoſées en hauteur, ou qu'elles le ſoient en longueur, il en faut toujours le même volume pour développer les quatre- vingts pièces de canons, & l'on aura de plus la dépenſe des voûtes & des pieds droits.

Il en ſera de même lorſque l'artillerie ſera diſtribuée en trois ou quatre étages; la progreſ- ſion des dépenſes ſera néceſſairement relative à celle du nombre des pièces, plus ce qu'il en coûteroit pour la dépenſe des voûtes. M. de Montalembert objecteroit en vain qu'il ne fait qu'une ſeule voûte pour couvrir plu- ſieurs étages; il reſtera toujours inconteſtable, que plus on voudra multiplier le nombre des canons dans une batterie, plus on élevera les dépenſes des conſtructions, & ces dépenſes forceront même la proportion du nombre des pièces. On a vu d'ailleurs les incon- véniens d'une ſeule voûte, puiſque la ruine inévitable de l'étage ſupérieur, entraîneroit celle de tous les étages inférieurs.

Il refulte delà que lorfqu'entre deux artiftes, l'un ne faura défendre un point d'une rade qu'avec quatre cent quatre-vingts pièces de canons, & que l'autre n'en demandera que cent, on peut tenir pour certain que les dépenfes du premier feront quintuples de celles du fecond, à moins que le premier, à l'exemple de M. de Montalembert, ne veuille appauvrir toutes fes dimenfions par économie, auquel cas l'ouvrage renverfé & recommencé porteroit les dépenfes à un excès incalculable.

Or, il eft bien avéré que les compofitions de M. de Montalembert portent à la multiplication monftrueufe des bouches à feu ; telle eft fa prétention, & c'eft à quoi il afpire exclufivement : on voit en effet, que le projet qu'il nous propofe pour le Fort-royal de Cherbourg, auroit trois cent quatre-vingts pièces de canons de plus que n'en comporte le fort actuellement exiftant. Les Officiers du Génie, au contraire, ont pris pour principe de fortifier toujours à proportion de l'importance des objets ; de combiner leurs difpofitions & de mefurer la fomme des feux relativement à leur efpèce & à leur deftination. Il eft ſi vrai qu'ils ont conſtamment évité les moyens outrés, que leur antagoniſte ne ceſſe de leur en faire un tort; par-tout il répéte *que ſes compoſitions, à lui, fourniſſent quatre fois, ſix fois, dix fois plus de feu que celles du Génie.* Soit, nous paſſons condamnation ſur ce point; mais il s'enſuit inévitablement que les conſtructions de ces ſyſtèmes à canons, ſeroient néceſſairement de quatre à cinq fois plus diſpendieuſes que celles des diſpoſitions meſurées. Il faudroit bien encore faire entrer dans la dépenſe de cette fortification canonnière, celle qui réſulteroit de cet excédant de trois cent quatre-vingts pièces de canons, ce qui ſeul feroit déjà un objet de près de deux millions. Il faudroit y ajouter de plus les dépenſes des établiſſemens néceſſaires à dix-huit ou dix-neuf cents hommes, néceſſaires pour manœuvrer ce grand nombre de canons, tandis que le fort actuel n'exige au plus que quatre à cinq cents hommes de garde.

Enfin, comme il eſt démontré d'ailleurs que nos meſures ſimples, économiques & calculées auroient encore infiniment plus de puiſſance, nous nous diſpenſerons d'en tirer des conſéquences qui paroîtroient dures.

Cependant M. de Montalembert redouble d'efforts pour faire paſſer ſes propoſitions à la faveur de quelques apparences de principes. Il dit, par exemple, *que la fortification qui pourra donner ſur chaque point de ſa circonférence une plus grande quantité de feu & mieux couvert, eſt toujours celle qui doit être préférée* (page 24).

Or, il n'y a peut-être rien de plus inſidieux qu'une pareille propoſition ; car en ne l'admettant pas, un adverſaire cauteleux ne manqueroit pas de ſuppoſer que nous rejetons le plus puiſſant de tous les moyens, tandis que par le fait, les feux les plus redoutables ſeront ceux que nous préférerons toujours. Rien n'eſt encore plus ſéduiſant que cette lueur de principe, d'autant qu'il n'eſt perſonne qui, au premier aſpect, ne ſe porte par ſentiment intérieur à ſe ranger ſous la protection des plus forts : *celui-là fournit plus de feux, donc il doit être préféré ;* rien de plus naturel. Mais ſi ce grand feu ne pouvoit agir ni dans ſon enſemble, ni même ſucceſſivement ; ſi la réunion d'une artillerie énorme ne pouvoit ſe concilier avec l'infériorité ordinaire des défenseurs ; si les établissemens nécessaires à ce monstrueux appareil, exigeoient des dépenses absolument inadmissibles ; enfin, si d'une pareille cumulation de canons, il n'en résultoit autre chose, sinon que plus on en entasseroit, plus on en seroit tomber au pouvoir de l'ennemi, que deviendroit ce principe ? Voilà pourtant où l'auteur voudroit nous conduire.

Sur les propriétés de la ligne bastionnée, relativement à l'usage des casemates.

DE ce principe équivoque (provoquant exclusivement à la multiplication des feux), l'auteur du système tire des conséquences qui n'y ont nul rapport ; il suppose par exemple, que ce principe étant adopté, *doit porter à l'exclusion de tous les systèmes bastionnés mis en parallèle avec les fronts angulaires & casematés, puisque l'artillerie*, dit-il, *est impossible à conserver avec les premiers ; & impossible à perdre avec les seconds* (page 24).

Il faut savoir que ce système angulaire est composé de fronts dentelés ; dont les rentrans présentent des espaces qui restent sans défense ;

ce

ce font des points de fécurité, fur lefquels les
feux des défenfeurs ne peuvent atteindre les
attaquans, lorfqu'ils y font parvenus; ce font ce
qu'on appelle en fortification des *angles morts*,
qui font fans contredit le plus grand vice que
puiffe avoir une fortification. On évite les
angles morts, c'eft-là le premier foin de tout
fortificateur. La ligne baftionnée, perfectionnée
par Vauban, n'a point d'angles morts; les
fyftèmes bizarres en préfentent plus ou moins.
Mais croira-t-on que de ce vice capital, M. de
Montalembert nous propofe aujourd'hui d'en
faire un degré de perfection ? voilà où nous
en fommes.

Après cela, l'auteur entreprend la comparaifon du fyftème baftionné fimple, avec fon
fyftème *angulaire* cafematé. Doucement! pour
être équitable, il faut comparer le fyftème
baftionné fimple ou non cafematé, avec le
fyftème angulaire fimple auffi & non cafematé : alors vous verrez que la dentelle
angulaire paroîtra dans toute fa pauvreté; &
pour cela, il fuffira d'en montrer les angles
morts.

On paffera enfuite à la comparaifon des

C

deux fyſtèmes également caſematés, & l'on retrouvera encore dans la ligne baſtionnée, les mêmes avantages d'une diſpoſition complétement flanquée, tandis que la ligne angulaire conſervera toujours ſes angles morts, avec tous les vices qui les accompagnent.

Remarquez que les caſemates ne tiennent ni ne peuvent tenir à aucunes diſpoſitions, ni même à aucuns fyſtèmes particuliers; ce ſont des additions de détail, ce ſont ſans doute des moyens de conſervation très-intéreſſans; ce ſont même des degrés de réſiſtance de plus, à condition toutefois qu'elles ſeront tout autrement diſpoſées que celles de l'auteur (i).

Mais obſervez bien que les lignes baſtion-

_____

(i) Les caſemates à feu, ainſi que celles qui ne ſervent que d'abri, ne doivent jamais faire perdre l'énergie défenſive, & c'eſt le grand défaut de celle de M. de Monta-lembert. Elles offriroient peu d'avantage, ſi leur poſition les mettoit dans le cas de lutter avec des contre-batteries ſupérieures ou même égales; mais elles ſont infiniment précieuſes en les appliquant aux feux de revers, aux tirs-en-brèches, ou à ce qu'on appelle des *traditores*, & en général, à la ſolution du fameux problème dont l'objet eſt de *voir ſans être vu*. Je m'explique; car cette ſolution, priſe dans le ſens abſolu, n'eſt pas

nées ne font pas moins fusceptibles de cette
addition, que les fystèmes angulaires ; obfervez
d'ailleurs que cette addition des cafemates
eft un objet de dépenfe confidérable : ainfi la
comparaifon propofée par M. de Montalembert, entre des baftions maffifs, fimples
& économiques, avec des dentelles cafematées
& difpendieufes, cette comparaifon, dis-je,
eft infidieufe, dérifoire & inadmiffible. En
effet, les Officiers du Génie ont exécuté des
cafemates dans les lignes baftionnées, & ils
en exécuteront toutes les fois que le Gouvernement en voudra fournir les moyens, &
cela fans altérer les lignes baftionnées, telles

---

poffible : il s'agit de découvrir les attaquans en flanc, à
dos ou à revers, avec du canon ou des obufiers, fur des
établiffemens d'où, par leur pofition, ils ne puiffent
ripofter qu'avec des armes inférieures. Les cafemates des
tours baftionnées fe trouvent dans ce cas, de *voir fans
être vues*, parce qu'étant couvertes par les tenailles, elles
voient & défendent toutes les parties des foffés du corps
de place, *fans être vues* d'aucunes des batteries attaquantes du chemin couvert. C'eft dans cet efprit que
l'on doit entendre à la guerre le *voir fans être vu* ;
& c'eft ainfi que les Officiers du Génie en ont préparé
l'exécution par des moyens très-variés, pour valoir dans
plufieurs places en cas d'attaque.

qu'elles existent ; car c'est encore un des grands avantages de cette disposition fondamentale, qui, outre la défense réciproque de toutes les parties, obtenue par le tracé le plus simple, jouit encore de cette précieuse propriété de se prêter à tous les degrés d'accroissement de force que les circonstances peuvent exiger.

Il suit de-là enfin que la ligne bastionnée, régulièrement flanquée & défendue dans tous les points de son pourtour, sera toujours une base première, une disposition-mère dont il ne sera permis de s'écarter, que dans le cas où il surviendroit quelques changemens notables dans la qualité ou dans la portée de nos armes.

Sur la propriété dite perpendiculaire.

COMMENT se fait-il que M. de Montalembert ne parle plus de cette fameuse propriété, dont pourtant il avoit fait la base de son système, tellement que son livre est intitulé, & n'est effectivement connu dans le monde que sous le nom de *Fortification perpendiculaire !* C'est qu'il y a quelques années que quelqu'un s'amufa à évaluer cette pauvreté ; non-feulement l'auteur n'a pas jugé à propos d'y répondre , mais il garde dans les derniers Mémoires un filence profond fur ces avantages *perpendiculaires*. Il eft cependant néceffaire de les faire connoître ; car un titre de favanture que perfonne n'entend , pourroit encore en impofer : voici ce que c'eft. Il s'agit de difpofer les branches des ouvrages , de manière que les feux qui s'exécutent naturellement fuivant une direction perpendiculaire aux faces des ouvrages , puiffent porter fur les points les plus utiles à la défenfe. Voilà à quoi fe réduit cette propriété tant exaltée ; & vous remarquerez qu'elle n'a d'utilité que dans la feule circonftance des retranchemens des pofitions des armées : il eft certain que dans ce cas, les feux devant s'exécuter par crife du moment, avec abondance & avec rapidité, il eft néceffaire alors de fixer la volonté des tireurs par une difpofition obligée. C'eft-là où les directions *perpendiculaires* peuvent fe combiner utilement , dans l'objet de couvrir l'accès des retranchemens par des feux recroifés avec le plus d'avantage.

Mais c'eſt toute autre choſe dans la défenſe des places ; ici le canon & la mouſquetterie ne s'exécutent jamais à la centaine & au millier, à moins que le Gouverneur ne veuille conſommer ſa poudre, pour avoir un prétexte de ſe rendre, comme il arrive quelquefois. Excepté cette circonſtance, qui ſans doute ne fait pas règle, on ne doit employer l'arme à feu dans la défenſe des places, qu'avec choix & utilité, & lorſqu'on peut en indiquer les directions à des tireurs choiſis, leſquels ne devant tirer que ſur des points déterminés & qu'ils aperçoivent, n'ont jamais beſoin d'être aſſujettis à des lignes *perpendiculaires*.

Il ſuit de-là que cette propriété pour la défenſe des places, n'eſt que la plus vaine ſubtilité; c'eſt un avantage puérile, imaginaire, & qui prouveroit au beſoin que les auteurs qui y ont mis tant d'importance, n'ont pu, dans leur profeſſion, voir les ſiéges que de trop loin.

Nous n'inſiſterons pas davantage ſur une propriété abandonnée par l'auteur lui-même; mais comme il garde le ſilence ſur les *perpendiculaires*, & qu'il ne s'agit plus que de casemate, & dans un genre qui, en invitant à se renfermer, amortit toute action défensive, il nous paroît que le livre *perpendiculaire* seroit plus convenablement annoncé sous le titre de *fortification casanière.*

Inculpations sur le Havre.

M. de Montalembert attaque le corps du Génie dans les dispositions faites au Havre (page 17). Il en est plusieurs dont les Officiers de ce corps ne sont point responsables, ayant été forcés de subordonner leurs moyens aux variations de plusieurs Ministres des finances, qui en fournissant les fonds, ont exigé que les Ingénieurs des ponts & chaussées fussent chargés de plusieurs parties intimement liées aux dispositions fortifiantes: or ces Ingénieurs, quoique très-habiles & excellens artistes, travaillent pourtant assez généralement en haine de l'esprit militaire; & de-là s'en sont suivies de fausses dispositions & des dépenses énormes. Les Officiers du Génie s'en sont plaints eux-mêmes & long-temps avant que l'auteur de la fortification casanière s'en soit avisé.

Cependant il parle *d'une nouvelle enceinte qui fera plongée des hauteurs du bourg*....Il ajoute *que l'on dit, à la vérité, que ces hauteurs feront occupées par un fort; MAIS QUEL FORT SERA-CE! il feroit donc bien important de connoître ce projet, pour lui donner tous les avantages des nouvelles méthodes, ET SUR-TOUT CEUX DE L'ÉCONOMIE* (page 17).

On voit que les fujets de critique ne manqueront jamais à M. de Montalembert; car au défaut de difpofitions exiftantes, il attaque même celles qui n'exiftent pas encore, & des projets defquels il n'a aucune connoiffance : il demande, à la vérité, qu'on les lui foumette, ce qui revient à l'infpection générale dont nous avons parlé. Il eft inutile de prévenir au furplus que ce que l'auteur entend par *les nouvelles méthodes*, ce font fes fyftèmes à lui, lefquels confiftent à multiplier les feux fans mefure, par le moyen de trois ou quatre étages de cafemates; & affurément ces méthodes ne font pas celles de l'économie; ce ne font pas non plus des méthodes militaires, puifqu'il s'agit de blottir les défenfeurs dans des cafemates, & d'en éteindre l'énergie en leur faisant perdre les relations actives de la défense extérieure.

Sur Dunkerque.

M. de Montalembert blâme aussi les Officiers du Génie, moins sur ce qu'ils ont fait, que sur ce qu'il suppose que l'on veut faire à Dunkerque *(page 17 & 18)*. Nous sommes d'autant moins en état de répondre à des imputations aussi vagues, que depuis l'introduction des Ingénieurs des ponts & chaussées dans les travaux de ce port, nous savons qu'on y a contredit toutes les vues militaires.

Nous observerons à cette occasion, que la vraie défense de ce port du côté de terre, devroit dépendre du mouvement des marées gouvernées à volonté par le jeu des écluses. C'est précisément ce qui a fait regretter déjà plus d'une fois que les travaux des ports, & notamment ceux de Dunkerque, ne soient plus dans les mains, ou au moins sous l'inspection des Officiers du Génie. M. de Montalambert, uniquement occupé des systèmes casematés, n'articule rien sur ce genre de défense, le plus économique de tous. C'est que les manœuvres d'eau, en difpenfant de l'étalage des fortifications, fe prêtent mal à l'efprit des fyftèmes; c'eft que toute difpofition fimple & mâle doit déplaire à celui qui donne tant d'importance aux petits compartimens fymétrifés.

Au furplus, la queftion générale de la fûreté de Dunkerque eft ramenée, fuivant l'ufage de l'auteur, à l'objet particulier de la batterie du rifban, & c'eft pour la repréfenter *comme une maffe énorme de maçonnerie qui n'offre qu'une batterie à ciel découvert.*

Nous obferverons d'abord que cette grande maffe eft une première bafe indifpenfable pour réfifter aux coups de mer. Il faut répéter en fecond lieu, que ce n'eft pas par la multiplicité des feux qu'on doit fe propofer de rivalifer avec des vaiffeaux; & en effet, on auroit beau tripler des étages d'artillerie fous des cafemates, ce qui tripleroit néceffairement les dépenfes, on ne parviendroit jamais à primer les feux de plufieurs vaiffeaux emboffés. Il faut donc s'en tenir à un petit nombre de pièces couvertes, avec l'affortiment néceſſaire pour tirer à boulets rouges.

Enfin, quoique partiſan en général d'une artillerie couverte & conſervée, nous penſons que dans le cas préſent on pourroit éviter l'appareil néceſſairement diſpendieux des caſemates, par la raiſon que la côte de Dunkerque étant fort plate, & les vaiſſeaux obligés de ſe tenir à une très-grande diſtance, ne pouvant jamais incommoder par les feux des hunes, dans ces circonſtances particulières, une batterie à ciel ouvert nous paroît devoir ſuffire, réſervant toutefois les moyens de tirer à boulets rouges; car nous ne nous laſſerons pas de le dire, puiſque notre auteur garde un ſilence profond ſur les boulets rouges, c'eſt par ce moyen ſimple & déciſif qu'on ſauvera les dépenſes exceſſives où entraîneroit l'impuiſſante intention de vouloir primer par le nombre des bouches à feu.

On ſait d'ailleurs que l'action des bombes eſt très-importante à réſerver contre des vaiſſeaux; comment ſe fait-il donc que l'auteur des ſyſtèmes caſematés n'en parle point dans ſes Mémoires? C'eſt d'abord parce qu'il suppose que l'action des bombes exige le ciel ouvert, ce qui contredit son principe exclusif des casemates; mais c'est une très-grande erreur, puisque des emplacemens ménagés à ciel ouvert, peuvent très-bien se concilier avec des points couverts. La meilleure raison de cette exclusion provient de ce que les compositions de l'auteur sont si frêles, qu'elles ne peuvent ni résister à la chute des bombes, ni même supporter sur les plates-formes la commotion des mortiers.

M. de Montalambert n'a jamais saisi ces nuances, & c'est lui pourtant qui compare *les Officiers du Génie à de mauvais écuyers, auxquels les selles à tous chevaux conviennent également* (page 66 du supplément).

Projet sur l'Isle-de-France.

L'AUTEUR du système perpendiculaire poursuit les Officiers du Génie jusque dans un autre hémisphere: *Il s'est passé, dit-il, des choses inouïes à l'Isle-de-France; on y a construit trois fronts bastionnés à plus de trois cents toises en avant de la ville du Port-Louis, entièrement ouverte dans tout son pourtour; de manière qu'il faudroit abandonner ces trois fronts, dès que l'ennemi auroit mis pied à terre ; & ces trois fronts,* ajoute-t-il ; *ont coûté plus que n'auroit coûté le projet que j'ai fait depuis long-temps* (page 18). Montrez-nous donc votre projet, & montrez-nous sur-tout vos estimations !… Vous ne vous y commettrez pas, & pour cause.

Il faut savoir que la ville du Port-Louis à l'Isle-de-France, est située entre deux rameaux de montagne, formant une fourche dont les branches se terminent à cinq cents toises de la mer. Ces deux grands contre-forts qu'on peut rendre inaccessibles, se réunissent du côté de l'intérieur de l'île, en sorte qu'ils embrassent la ville en lui formant une espèce d'enceinte naturelle d'une vaste étendue ; il reste seulement deux esplanades depuis les extrémités de ces rameaux jusqu'à la mer.

Il résulte de cette situation, que si l'on prétendoit se borner à une enceinte immédiate, la ville du Port-Louis, subordonnée au milieu de ce grand entonnoir, ne seroit décidément pas fortifiable.

Cependant on sentoit l'importance de cette possession, d'autant que par diverses circons tances inutiles à rapporter ici , toute l'importance de la colonie réside essentiellement dans la conservation de ce port. D'après cet état de situation, il n'y avoit qu'un seul parti à prendre, celui de considérer les deux branches de la montagne , comme l'enceinte d'un vaste camp retranché , & puis de fermer les deux esplanades par des fronts appuyés à la mer d'une part , & de l'autre , aux croupes des extrémités des deux branches de la montagne.

Ce projet fut discuté dans un Comité ordonné par le feu Roi, en 1774. Le Comité composé de gens de guerre, en adopta les dispositions. Ce fut alors que M. de Montalembert se fit introduire dans ce Comité; il y annonça mystérieusement ses systèmes; mais l'on doit sentir que les petits fortins isolés qu'il proposa , ne purent soutenir la concurrence avec une disposition majeure, qui d'ailleurs étoit ordonnée par des circonstances locales impérieuses , qui ne laissoient aucune alternative de choix.

L'intérêt politique de cette possession a éprouvé depuis diverses variations; on a

héfité, on a paru étonné de l'étendue embraffée
par ce projet; cependant il falloit ou s'y
déterminer, ou renoncer à la fûreté de cette
pofition. L'on comprit pourtant à la fin la
néceffité d'une clôture vafte & complette,
deftinée à couvrir tous les établiffemens d'un
grand port, & à y recueillir les colons &
toutes les richeffes de la colonie. On fentit
d'ailleurs qu'en s'aidant de la nature, & en
procurant aux deux branches de la montagne
tous les moyens d'inacceffibilité dont elles
font fufceptibles, on parviendroit à diminuer
de beaucoup tous les travaux de l'art. On
commença donc à fermer l'une des deux efplanades par les trois fronts de fortifications dont
parle M. de Montalembert: on en eft demeuré
là; or tant que cette difpofition reftera boi-
teufe, elle prêtera fans doute à la critique.
Vainement en effet on fermeroit l'une des
efplanades; tant que l'autre refteroit ouverte,
non-feulement on n'auroit rien fait, mais les
dépenfes employées à l'une des efplanades
feroient perdues.

On jugera d'après cet expofé, combien
celui que donne M. de Montalembert eft

inexact ; il ne dit pas un mot des fermetures
déterminées par les deux esplanades , & il
représente celle qui est fortifiée, comme trois
fronts en l'air & dénués d'appui, tandis qu'ils
font appuyés d'une part à la mer, & de l'autre
à la croupe de la montagne, dont les ouvrages
doivent porter des feux de flanc & de revers
en avant de l'étendue accessible des trois fronts.

Remarquez que l'auteur désapprouve que ces
trois fronts foient avancés à trois cents toifes
de la ville ; il ne fait pas que cette difposition
avancée étant fortement appuyée, ne peut
jamais compromettre, & qu'en éloignant l'ennemi, elle couvre d'autant mieux la ville &
le port, en garantiffant ce dernier des dangers
d'un bombardement. On jugera d'ailleurs que
dans cette fituation, quelle que foit la difpofition des attaques de l'ennemi, elle feroit
néceffairement réduite à celle de trois fronts
difpofés en ligne droite fur l'une ou fur l'autre
des deux efplanades; que ces fronts ne pourroient être enveloppés dans l'attaque, &
qu'enfin la défenfe ramenée à ce feul point,
feroit délivrée de toute efpèce de diverfion.

Il fuit de-là que les Officiers du Génie, qui
ont

ont conçu ce projet, ne pouvant être refponfables de l'état incomplet où il eft reflé, font en droit de fe plaindre de l'amertume des critiques de M. de Montalembert. Oferionsnous dire d'ailleurs, que toutes plaintes récriminatoires ne font jamais admiffibles? L'auteur des fyftèmes avoit été éconduit du Comité de 1774, & il dut l'être, puifque fon projet confiftoit à diftribuer autour de la ville du Port-Louis, une fuite de fortins ifolés *& fufceptibles*, difoit - il, *d'une réfiftance indépendante*. Il feroit arrivé de - là que ces forts n'étant point reliés, l'ennemi auroit pu pénétrer tout fimplement dans la ville; & dès le moment de cette invafion, maître du port, des magafins & de tout ce qui conftitue la poffeffion, il auroit laiffé là les forts avec leur réfiftance indépendante; enfin, les défenfeurs de ces forts n'ayant plus que leurs perfonnes à conferver, auroient été réduits à venir fupplier les vainqueurs de les recevoir à difcrétion.

Tout cela fut mis au grand jour dans le Comité de 1774, & avec des circonftances extrêmement curieufes : nous avons lieu de craindre que M. de Montalembert n'en ait

D

confervé le fouvenir. On peut en juger par des traits d'humeur déguifés fous les formes d'une grande fupériorité , formes qui d'ailleurs devoient entrer dans le plan de l'auteur, car il eft perfuadé que les progrès des arts dépendent beaucoup de l'opinion que l'on a des artiftes, & il aura cru néceffaire fans doute de décréditer les Officiers du Génie pour faire prévaloir fes *compofitions ;* en conféquence , il les repréfente comme des ignorans. *Le premier arpenteur*, dit-il, *peut faire tout ce qu'ils font. Il n'y a pas de jeune homme fortant des mains de fon maître de mathématiques , qui ne fache autant en fortification qu'aucun des Officiers du Génie. . . . .* & autres traits affez fortement exprimés. (*Voyez* les pages 2 1 , 2 2 , 2 3 , &c.). Nous fupplions qu'on veuille bien ne pas fe dégoûter , ni fe réfroidir fur l'intérêt des queftions qui nous occupent; ce ne font là que des mouvemens d'humeur fans conféquences, & l'on fera difpofé fans doute à l'indulgence à l'égard d'un vieil enfant qui, voyant dédaigner des fyftèmes qui lui ont coûté mille peines, n'a jamais été à portée de deviner la caufe de ces dédains.

Sur l'impénétrabilité des frontières, par le moyen des lignes.

M. de Montalembert abandonne un moment les détails ; l'art va s'agrandir entre ses mains : il propose à l'Assemblée Nationale DE RENDRE LES FRONTIÈRES IMPÉNÉTRABLES AVEC LE MOINS DE DÉPENSE POSSIBLE (*page 21*). Il s'agit d'enceindre tout le royaume, & de le défendre par de longues lignes permanentes. On fait ce que les militaires ont pensé de ces lignes contiguës : comme ils craindroient peut-être qu'on ne fît marcher cette partie de l'art de la guerre en reculant, il ne sera pas inutile de développer l'idée de l'auteur. *Il cite des faits, & ces faits se réduisent à un projet de ligne qu'il a formé sur la Lauter, & qui ferme entièrement la Basse-Alsace... Cette méthode, dit-il, peut servir d'exemple, & s'appliquer avec la plus grande facilité A TOUTE L'ÉTENDUE DES FRONTIÈRES, en profitant des rivières & des différentes hauteurs qui se trouvent commander le pays dans les montagnes. Rien ne seroit plus difficile à franchir que de semblables lignes, puisqu'elles exigent le siège de différens forts,*

CAPABLES D'UNE PLUS GRANDE RÉSIS-
TANCE QUE NOS PLUS FORTES PLACES DE
GUERRE, *car chaque fort ne pourroit être investi
sans être sous le feu d'un autre fort*.... Ces
*lignes suivroient le cours des rivières & des ruis-
seaux, avec les écluses nécessaires, pour en former
des canaux de navigation*... On ne peut douter,
ajoute l'auteur, *que les provinces ne hâtent, par
tous les moyens possibles, l'exécution & des
lignes & des canaux destinés à border leurs
frontières* (pages 21 & 22).

Nous ne parlerons pas des canaux circulans,
dont l'utilité civile, étendue à l'utilité militaire, a été proposée depuis long-temps par
les Officiers du Génie, & qui même l'ont exécuté en quelques parties. Nous n'examinerons
donc de ce vaste projet, que ce qui appartient incontestablement à M. de Montalembert ; à savoir, les lignes flanquées par une
longue suite de forts.

Les lignes de la Lauter, *qui doivent servir
d'exemple pour envelopper toutes les frontières du
royaume*, auroient douze mille toises de développement ; par conséquent, pour que les forts
attachés à ces lignes puissent se protéger réci-

proquement par leurs feux, fuivant l'intention
de l'auteur, il faudroit néceffairement qu'ils
fuffent efpacés, au plus, à trois cents toifes
les uns des autres. Nous aurions donc déjà
quarante forts pour fermer *le petit intervalle
de la Baffe-Alface.*

Il fuit de-là que pour foutenir des lignes
contiguës dans tout le pourtour du royaume,
il faudroit fix mille deux cents forts à la manière
de M. de Montalembert; mais il y aura là-deffus
fans doute beaucoup de déductions à faire, en
égard aux parties déjà fortifiées par la nature,
relativement fur-tout à l'étendue des côtes;
car quoique l'auteur n'en parle pas, nous ne
lui ferons pas le tort de fuppofer qu'il veuille
prodiguer cette difpofition. Nous avons cependant plufieurs points de débarquement dont
l'accès eft facile : n'importe; nous fuppoferons
que les pays de montagnes inacceffibles pour-
ront épargner environ douze cents forts, &
pour les côtes, elles en économiferont deux
mille fix cents, ce qui réduira la chaîne *impé-
nétrable* à deux mille quatre cents forts, enceinte
formidable, & qui l'emportera de beaucoup
encore fur la muraille de la Chine.

Ce n'eſt pas tout ; comme chacun de ces forts devroit *être capable d'une réſiſtance plus grande que nos plus fortes places de guerre*, ce qui eſt encore l'intention de l'auteur, il feroit difficile de remplir une pareille intention, ſans appliquer au moins à chacun de ces forts une dépenſe de huit à neuf cent mille livres ; dépenſe qu'on trouvera bien modique lorſqu'on ſaura que le fort exécuté *proviſionnellement* à l'île d'Aix, (& qui déjà, ſous ce rapport proviſionnel, n'eſt pas édifiant), a coûté beaucoup au-delà de cette ſomme *(k)*. La ſeule dépenſe des deux mille quatre cents forts s'éleveroit donc à deux milliards & quelques millions. Il faut compter enſuite que les lignes deſtinées à relier ces forts ſur un développement immenſe, coûteroient bien auſſi quelques centaines de millions.

Ce n'eſt pas tout encore ; chacun de ces

(k) L'auteur avoue lui - même (page v de l'Avant-propos du ſecond Mémoire), que le fort de bois a coûté neuf cent mille livres ; d'autres inductions tirées du fait, & même de ſes propres Mémoires, annoncent une dépenſe réelle de plus de *treize cent mille livres ;* mais nous nous en tenons ici à l'aveu formel.

forts, pour être muni selon les principes des feux multipliés, ne pourroit avoir moins de cent cinquante pièces de canons, ce qui exigeroit, pour garnir les forts seulement, une artillerie de trois cent soixante mille canons. Cet article ne laisseroit pas de produire encore une dépense d'environ deux milliards, sans compter les accessoires qu'exigeroit un appareil aussi imposant. On jugera que l'auteur, en offrant les modèles de ces systèmes en don patriotique, ne se proposoit pas de couvrir le déficit de nos finances.

M. de Montalembert, étonné lui-même de cette fourmillière de forts & des conséquences qui s'ensuivroient, ne manquera pas de réclamer; il en appellera à ses livres, & il trouvera dans ces puits perdus, de quoi *démontrer que les forts qu'il propose sont beaucoup plus distans les uns des autres; que par conséquent il en entreroit beaucoup moins.* Soit; il fera sagement d'atténuer cette monstruosité autant qu'il le pourra, je ne m'y opposerai pas; j'avouerai même que m'étant proposé seulement de répondre aux derniers Mémoires publiés en 1790, je me suis attaché au sens

littéral du paſſage tranſcrit ci-deſſus : mais il
nous reſte tant de marge, qu'en diminuant le
nombre des forts de moitié, ou même des
deux tiers, on auroit encore une diſpoſition
giganteſque, & qui d'ailleurs n'en feroit que
plus affoiblie; car en raréfiant les forts à de
plus grandes diſtances entr'eux, ils ne pour-
ront donc plus s'entr'aider dans leur défenſe,
ſelon les promeſſes de l'auteur; chaque fort
reſteroit donc iſolé, & l'un d'eux, une fois
tombé au pouvoir de l'ennemi, tous les autres
défileroient ſans coup férir; les troupes deſtinées à leur garde, ſeroient coupées dans leur
retraite. Un pareil ſyſtème d'ailleurs ſeroit de
ſa nature excluſif; on ne pourroit y ſacrifier
des ſommes immenſes, qu'en négligeant les
grands dépôts qui conſtituent les colonnes de
l'Etat : dès-lors, plus de réunion, plus de ma-
gaſins, plus de points d'appuis, plus de po-
ſitions défenſives, & partant, plus d'eſprit
militaire; diſperſion, diſſolution univerſelle,
& tout cela coûteroit environ cinq milliards!
N'oublions pas la propoſition de l'inventeur;
il annonce hardiment *qu'il va rendre les fron-*
tières imprenables, avec le moins de dépenſe

poſſible. Que dire?... l'auteur cependant écrit bien; il paroît avoir toute ſa tête... on s'y perd.

Cependant l'inventeur de ces *compoſitions* ne laiſſe pas de dénoncer les Officiers du Génie à l'Aſſemblée Nationale ; il les repréſente *comme gens amoureux de mauvais projets exceſſivement coûteux ; . . . . comme abuſant de la confiance des Miniſtres qui n'y entendent rien, &c.* (p. 22). En conſéquence, il propoſe ſérieuſement aux membres de l'Aſſemblée Nationale, d'étudier la véritable fortification dans ſes livres à lui, auteur *perpendiculaire*, attendu, ajoute-t-il, *que ces livres ſont compoſés de cent trente planches parfaitement gravées, & que ces connoiſſances peuvent être acquiſes en quelques mois, & QU'IL SUFFIT DE CE SEUL PRINCIPE A RETENIR, pour être un excellent juge en ce genre.*

Or, comme ceci n'eſt pas du tout croyable, nous ne pouvons que renvoyer au texte, (pages *23 & 24*).

On voudra bien encore excuſer ce paſſage ; l'auteur déſireroit donner quelque débit à ſes livres ; d'ailleurs, il étoit permis d'être ſéduit par cette grande idée de fortifier l'Empire au moyen d'un chapelet bien enfilé ſur une ligne contiguë de deux à trois cents lieues de développement, & flanquée par deux mille quatre cents forts. Il faut confidérer auffi que dès que l'auteur a pu croire que toutes les combinaifons de la guerre défenfive pouvoient fe réduire à accumuler un nombre prodigieux de canons, fans confidérer le péril évident de les voir tomber fans coup férir au pouvoir de l'ennemi, il étoit tout naturel de penfer que cet art étoit à fa portée de tout le monde.

Voilà où conduit l'efprit de fyftème. On fauveroit bien des erreurs, s'il étoit poffible de prefcrire qu'il ne fera permis d'inventer que dans l'art qu'on aura déjà étudié, ne fût-ce que pour connoître au moins à quel point il eft parvenu ; fans cela, on rifque de prendre beaucoup de peine pour découvrir des chofes déjà trouvées.

On a vu un inventeur de chiffres diploma- tiques, fatiguer des Miniftres pendant vingt ans pour faire adopter un de ces fecrets de convention qui lui avoit coûté des peines infi- nies. Comme on dédaignoit fon invention, il crioit à l'injuftice, à l'impéritie des admi-

niftrateurs, à l'infouciance des hommes en place;
il s'agitoit précifément comme le fait à préfent
M. de Montalembert; il ne fe doutoit pas que
des combinaifons plus fimples & plus heureufes
étoient déjà connues & pratiquées dans tous
les bureaux depuis plus d'un fiècle.

L'amour-propre s'attache aux objets qu'on
croit avoir découverts, avec d'autant plus d'opi-
niâtreté, qu'on ne veut pas perdre le mérite
d'une invention plus ou moins laborieufe. Et
comme il ne vient pas dans la penfée qu'on eft
en arrière de l'état de progrès où fe trouve un
art, on s'aigrit contre ceux que l'on croit être
fes rivaux, on s'indigne de la froideur des
juges, on fatigue toutes les puiffances, on tour-
mente les vrais artiftes.

Eh, Meffieurs ! confidérez donc que vous
labourez des champs déjà labourés, foignés,
enfemencés , & dans lefquels il ne faudroit
que farcler ! Ne voyez-vous pas qu'en boule-
verfant ainfi des femences déjà germées, vous
perdez tous les fruits que les foins d'une fage
culture vous euffent fait recueillir ?

Sur l'inspection des travaux du Génie.

IL semble que l'inspection des fortifications
doive appartenir naturellement aux Officiers
généraux du Génie, qui, après l'épreuve de
longs & bons services, tant à la guerre que sur
les frontières, ont mérité la confiance de l'ad-
ministration. Il se fait une seconde inspection
par les Généraux commandant les divisions
de l'armée, autorisés à prendre connoissance
de tous les projets des places fortifiées de leur
commandement. Enfin il existe encore par le
fait une autre espèce d'inspection, & ce n'est
pas la moins sévère, par la censure qui s'exerce
tacitement entre les Officiers du Génie, sur
tous les travaux qui doivent s'exécuter : or,
de pareilles révisions ne sont pas propres sans
doute à accréditer les systèmes de M. de Montalembert; en conséquence, il termine son premier
Mémoire, en sollicitant pressamment l'Assemblée Nationale de faire inspecter les fortifications du royaume, par lui d'abord (*voyez*
page 15), & ensuite *par les Officiers de l'État-
major de l'armée*, dont on ne connoît ni l'école,
ni les examens, ni l'instruction, ni même

encore l'ordonnance. L'idée n'est pas nouvelle ; plusieurs membres de l'État - major
qui pourtant n'ont existé jusqu'à présent
que d'une manière précaire, se sont en-
tremis dans les dispositions fortifiantes ; il
en est résulté des entreprises absurdes, des
dépenses énormes & en pure perte (on en
a présenté le tableau effrayant dans un ouvrage intitulé *De la force militaire*). N'importe, l'inspection des travaux du Génie sera
toujours bonne , dit M. de Montalembert,
dès qu'elle sera faite par des Officiers étrangers
à ce corps (page 25), pourvu toutefois qu'ils
ayent acheté les livres du système, car voilà
ce qui résulte strictement des insinuations
exprimées pages 25 & 26.

La nouvelle inspection proposée auroit
donc des conséquences telles, qu'il convient
de connoître ce qu'elle seroit, & ce qu'elle
pourroit devenir. Il faut savoir que l'État-
major est un produit presque nécessaire des
Aides-de-camp, qui, après avoir goûté les
douceurs de ce genre de service, répugnent
naturellement de rentrer dans les emplois
assujettissans de l'armée ; ils se font inscrire dans

l'État-major ; & ce font-là les infpecteurs que M. de Montalembert prétend donner au corps du Génie ! Cependant, malgré les tentatives réitérées de la faveur, l'agrégation des Adjudans n'a pu parvenir encore à fe conftituer : cette difficulté provient de la nature des fonctions qui lui font deftinées, laquelle réfifte foncièrement à une hiérarchie régulière. Comment concevoir en effet un corps de confiance pour des objets indéterminés , où la confiance ne peut fe commander ? Des Adjudans ou membres d'un État-major n'ont point d'exiftence phyfique dans les armées ; ce font des agens purement intellectifs, affociés à l'intimité des Généraux, pour les féconder dans l'intention de combiner & de faire mouvoir tous les rouages de la machine militaire. Or les Généraux, chargés & refponfables, ayant à faire concourir des élémens très-différens, doivent avoir le droit de choifir leurs hommes de confiance, & ces choix doivent pouvoir s'étendre dans toutes les armes, dans toutes les professions, & dans toutes les claffes de l'armée. Ainfi donc, compofer un corps *ad hoc* & permanent, ce feroit forcer le choix des

Généraux, ce feroit leur donner des maîtres:
il arriveroit en effet que la création d'un
pareil corps, donneroit aux individus qui le
compoferoient, une difpofition prefqu'invincible à fe croire précepteurs des Généraux,
ce qui dégraderoit ceux-ci dans l'opinion,
& au grand préjudice de la confiance qu'ils
doivent infpirer dans les armées.

Les parties de ce fervice relatives aux arts
& à l'induftrie, & qui font intimement liées
aux mefures fortifiantes, pourroient être rem-
plies régulièrement par le corps induftrieux par
état : les autres qui tiennent de plus près à la
confiance & à des manœuvres indéterminées,
le feroient par des tacticiens de chaque arme
& par les hommes exercés de chaque genre.
Dès-lors les complications & les doubles
emplois feroient fauvés, & l'on auroit pour
garant de la bonté de cet arrangement,
l'exemple des plus belles époques militaires
de la France.

Quoi qu'il en foit, que l'intrigue, déguifée
aujourd'hui fous des formes difficiles à reconnoître, faffe exifter ou non une corporation
nouvelle fous le titre d'*Adjudans*, ce n'eft pas

notre affaire; mais au moins le corps du Génie, attaché par état aux combinaisons défensives, toujours occupé de la consolidation des parties foibles des cuirasses de l'empire, sera maintenu sans doute dans l'intégrité de ses fonctions. Le corps fortifiant, considéré comme arme défensive dans la main des Généraux des armées, sera chargé par eux, & sans intermédiaire, d'en faire valoir toutes les ressources. Les Officiers de ce corps, destinés à fortifier à proportion de l'importance des objets, continueront de reconnoître & de rendre compte directement de tous les rapports qui existent entre les points fortifiés ou à fortifier, avec les positions défensives auxquelles ils servent de réduits, de dépôts ou de points d'appui.

Si cependant les Adjudans renonçant à la prétention de former un régiment de Colonels, venoient à prendre une vraie consistance de corps, rien n'empêcheroit sans doute qu'à l'aide de plusieurs Officiers distingués, outre ceux qui sont déjà sortis du corps du Génie, ils ne parvinssent enfin à une constitution quelconque; mais comme ils manqueroient

encore

encore d'aliment en temps de paix , ils auroient une tendance irréſiſtible à s'entre-mettre
dans les fonctions du Génie ; ce qui condui-
roit les transfuges de ce corps à inſpecter &
à régenter leurs anciens maîtres : alors , ſui-
vant la recommandation de M. de Montalembert , on verroit deux Génies , dont l'un
ſeroit inſpecteur , & l'autre inſpecté.

Tant de bizarreries ſeroient enfin ſenties , &
le temps arriveroit bientôt où le Gouvernement ſe verroit obligé d'opter entre les deux ;
car il ſeroit abſurde de faire exiſter deux
corps pour faire perdre aux diſpoſitions défenſives l'unité d'intention qu'elles exigent , & ce
double emploi ſeroit d'autant plus ſenſible ,
ſi l'état de paix devoit être à l'avenir l'état
le plus habituel.

Or , M. de Montalembert tire un très-grand
parti de cette ſituation : Ouvrez mes livres ,
dit-il à l'État-major , *feuilletez cent trente plan-*
ches parfaitement gravées , & vous voilà tous
Ingénieurs. . . . . Bonne ſpéculation ſur le
commerce des livres.

E

SECOND MÉMOIRE.

UNE seule idée délayée en plusieurs in-folio, annonce que l'auteur se répète néces-sairement un peu dans tous ses ouvrages. Le second Mémoire nouvellement publié se ressent aussi de cette espèce de fécondité ; cependant, comme les mêmes objets se re-présentent souvent sous de nouvelles faces, l'intérêt de l'art nous fait une loi de les faire apprécier sous tous les rapports.

Observations sur un système imaginé par M. Filley.

IL faut être juste avec ses adversaires ; nous devons avouer que l'auteur a quelquefois raison : il triomphe à l'occasion d'un système imaginé par M. Filley ; mais pour être équi-table à son tour, M. de Montalembert n'au-roit pas dû mettre sur le compte des Officiers du Génie, une fantaisie à laquelle ils ont résisté, & qui même, d'après leur improbation, n'a eu aucune exécution. Il faut savoir que M. Filley, auteur de cette idée, parvenu au grade de Lieutenant général à force de travaux utiles & de fervices obfcurs à la guerre, ne commença à être un peu connu dans le monde qu'à l'époque où les hommes ne devroient plus que fe repofer. L'idée d'une réputation tardive, frappant des fibres affoiblies par l'âge, l'ébranla au point de lui faire concevoir un fyftème de fortification appelé *méfalectre*. Ce qui eft fingulier, c'eft que ce fyftème repofoit, comme celui que M. de Montalembert a publié depuis, fur l'idée principale *des défenfes perpendiculaires*, mais avec cette différence pourtant que dans l'erreur même de M. Filley, on diftinguoit les traits d'un homme habile; il étoit folide au moins dans fes détails, & tous les moyens extérieurs de la défenfe active étoient confervés; au lieu que toutes les vues militaires ont été facrifiées par la *perpendiculaire poftérieure*. Quoi qu'il en foit, ce rapprochement remarquable dans le but principal des deux fyftèmes, fembloit exiger quelques ménagemens de la part du fecond inventeur; mais non, il ne fe borne pas à déchirer la *méfalectre*, il effaye encore d'y envelopper tous les Officiers du Génie

nés ou à naître. Ses déclamations d'ailleurs
ne touchent point aux principes de l'art ;
il ne parle que des estimations très-inutiles
à relever, puisqu'il ne s'agit nullement d'exécuter la *méfalectre* ; mais les vrais motifs d'une
faine critique lui ont échappé. Que dis-je ? il
falloit bien qu'ils lui échappaffent, & ce n'étoit
pas à lui fans doute à parler de la *perpendiculaire*
& des *angles morts*.

Ce fut à l'île d'Aix que M. Filley propofa
fa *méfalectre* ; il le fit fecrètement, car il en
avoit une efpèce de honte. M. le Duc de Choi-
feul put croire que cela étoit bon, & demanda
à M. Filley d'autres projets fur Breft ; autre
méfalectre : mais cette fois le myftère du
vieux Général fut découvert, & la cenfure
qui s'exerce intérieurement dans le corps
du Génie, fit bientôt oublier les *méfalectres*,
fans ceffer cependant d'en refpecter l'auteur,
dont les longs travaux, dégagés jufque-là
de tout efprit de fyftème, méritoient les plus
grands égards.

M. de Montalembert ne laiffe pas de tirer
avantage de la comparaifon du fort qu'il a
fait exécuter depuis à l'île d'Aix, avec cette

méfalectre qui n'a jamais exifté. Il eft certain qu'outre les défauts particuliers de ce fyftème, l'application que M. Filley propofoit d'en faire à l'île d'Aix, étoit peu ingénieufe quant à la difpofition qui étoit effectivement mal affortie aux circonftances locales, & qui tailloit beaucoup trop en plein drap; or, nous devons à la vérité de reconnoître que M. de Montalembert n'a point manqué à cette partie des difpofitions, par la raifon qu'il n'a point, lui, de difpofition, & qu'en effet il n'en faut aucune pour accumuler cent cinquante canons fur un feul point.

Il eft peu généreux au furplus d'attaquer le corps du Génie d'après un figne de décrépitude de l'un de fes membres, de le rendre refponfable & complice d'un fyftème dont il a réellement empêché l'exécution. De pareils efforts tendant à compromettre la réputation d'un corps refpecté, & qui de fa nature a befoin de confiance, ne font pas marqués au coin de la prudence, l'accufateur étant lui-même entaché de l'égarement des fyftèmes.

E iij

Sur l'invention des Casemates.

M. de Montalembert rentre dans l'arène avec de nouvelles forces; il se présente comme inventeur : c'est lui, dit-il, qui *ayant entrepris d'élever l'art défensif au plus haut degré où il puisse atteindre, reconnut bientôt QUE LES CASEMATES POUVOIENT SEULES en fournir les moyens* (page 2, second Mémoire) : or, comme les casemates ont une origine très-ancienne, il paroît que le mérite de l'invention en est un peu altéré. Il faut convenir cependant qu'il y auroit encore du mérite à perfectionner l'invention, ou seulement à en faire une application plus heureuse. On a vu déjà ce qu'il falloit en penser; mais il faut tout voir & tout entendre. *Il falloit inventer*, dit l'auteur, *des compositions qui fussent exemptes des défauts évidens de celles exécutées jusqu'alors.* En conséquence, *il s'est attaché*, dit-il, *à y pratiquer des ouvertures suffisantes pour l'évacuation de la fumée.* Ces compositions se réduisent à laisser les voûtes ouvertes du côté de la place : or, sans compter des projets fort antérieurs au livre de M. de Montalembert, nous avons plusieurs forteresses en France, notamment à Charlemont, au château du Toreaux, à Besançon & ailleurs, où l'on voit des casemates ouvertes du côté intérieur, dans lesquelles on peut exécuter l'artillerie en toute sécurité & sans éprouver le moindre inconvénient de la fumée. Des casemates du même genre existent dès le siècle dernier à Girond, à Denia, à Saint-Sébastien, à Fontarabie, à Céota', &c. Où est donc l'invention ? M. de Montalembert ajoute *que le mérite consiste à former différens berceaux de voûtes successifs dans des directions perpendiculaires à leurs murs de face, de manière que ces murs n'ayant aucune poussée de voûte à soutenir, fussent soutenus eux-mêmes & renforcés par les pieds droits de ces berceaux.* Il paroît que l'inventeur a pris beaucoup de peine à trouver une disposition que tous les Ingénieurs de l'Europe connoissent depuis plus d'un siècle. Il y a plusieurs places en France, en Allemagne & sur-tout en Espagne, où il existe des voûtes d'un contre-fort à l'autre, *lesquelles sont perpendiculaires à leurs murs de face, de manière que ces murs n'ont aucune poussée de voûtes à soutenir.* Vous allez voir que

E iv

M. de Montalembert sera forcé de réduire
l'invention à *la théorie des plus petites embrasures possibles*; mais vous verrez aussi que la
bouche des canons n'étant point en dehors,
ces petites embrasures seront ébranlées par
la vive commotion du souffle des bouches
à feu, & qu'après trois ou quatre coups, ces
embrasures seront à peu-près hors d'usage.

A la vérité, l'inventeur nous annonce *qu'il
a disposé ses casemates de manière à pouvoir y
placer beaucoup de canons dans un petit espace.*
Nous ne voyons encore là aucune espèce d'invention. Il y a cent cinquante ans que chacun
connoît l'espacement que des canons doivent
avoir entr'eux pour être facilement manœu-
vrés. On sait aussi de tous les temps que l'on
peut disposer plusieurs étages de canons sous
une seule voûte, & si l'on n'a pas déployé
ce *maximum* du nombre des bouches à feu,
c'est qu'il faut en tout des proportions & des
dispositions de convenance; c'est qu'il faut
éviter que la destruction d'un étage n'entraîne
celle de tous les autres; c'est qu'il n'est pas
proposable d'employer plus de canons qu'on
ne peut avoir de monde pour les servir; c'est

qu'il feroit abfurde d'entaffer de l'artillerie
pour donner à l'ennemi l'occafion d'en prendre
davantage; c'eft que le fufil eft une bouche
à feu, & que lorfqu'il ne s'agit que de petites
portées, la moufquetterie multipliée à ciel
ouvert, ou par des crénaux & des meurtrières
dont l'ufage eft indiqué dans la plupart de
nos places, procure dans ce cas plus d'avantage
qu'on ne pourroit en retirer de l'action néceffairement lente & pénible d'un grand nombre
de canons; enfin, c'eft qu'il faut craindre ce
qui eft arrivé récemment au cap de Bonne-
efpérance, fuivant le rapport d'un voyageur.
Un Ingénieur Hollandois, admirateur des
livres de M. de Montalembert, a voulu faire
conftruire une batterie à différens étages de
cafemates, cumulant le poffible en nombre
de bouches à feu; cette petite infidélité aux
principes de Cohoerne, n'a coûté que cinq
millions, mais les épreuves feulement ont caufé
un tel ébranlement à tout l'édifice, qu'on ne
peut plus en faire ufage.

Tel eft *ce haut degré de force* où M. de
Montalembert prétend avoir *porté l'art défenfif;*
voilà à quoi fe réduifent fes inventions

annoncées avec tant de jactance. Ceci nous découvre un grand moyen de faire valoir les dons patriotiques de l'auteur ; ce seroit de les transmettre doucement aux Puissances ennemies de la France.

M. de Montalembert suppose *que les Officiers du Génie avoient déclaré que les casemates ne pouvoient être d'aucun usage dans la pratique, & M. de Fourcroy*, dit-il, *l'a soutenu dans le volume qu'il a publié* (page 3).

Les opinions expliquées de M. de Fourcroy rentreroient vraisemblablement dans nos principes ; mais il est de fait qu'il existe des casemates dans plusieurs de nos forteresses, & que c'est au grand regret de tous les Officiers du Génie, sauf les opinions particulières, si l'usage n'en est pas plus général. Une longue sécurité sur nos frontières, & sur-tout la modicité des fonds affectés aux fortifications, n'ayant pas permis d'étendre & de perfectionner cette ressource, elle existe au moins en projet dans toutes nos places, & c'est ce dont on se convaincra en ouvrant les Atlas du dépôt du Génie.

Il est très-vrai d'ailleurs, que les Officiers

du Génie ont généralement improuvé les casemates du fort de l'île-d'Aix; mais c'est parce que ce fort de bois, exécuté depuis dix ans, menace déjà, dit-on, d'une ruine prochaine; c'est parce que ce fort n'est que *provisionnel*, & que cette provision a occasionné de très-grandes dépenses; c'est parce qu'en disposant pour vingt pièces seulement, une batterie simple, *non provisionnelle*, parfaitement couverte, & avec un appareil préparé pour tirer à boulets rouges, on n'y auroit certainement pas dépensé le quart de ce qu'a coûté le fort de bois, & l'on posséderoit d'une manière permanente un moyen de défense infiniment plus rassurant.

Vainement M. de Montalembert voudroit colorer cette énorme bévue d'un *fort provisionnel*, en disant *que l'ennemi étoit-là, & que l'empressement où l'on étoit d'assurer la rade de l'île d'Aix, ne permettoit pas d'y employer des ouvrages de maçonnerie . . . . . . mais que le projet d'un fort de pierre étoit signé de lui, & qu'il existoit au dépôt de la guerre* (page 11, deuxième Mémoire).

Il est notoire que la construction du fort

de bois a duré au moins deux ans, & c'eſt M. de Montalembert lui-même qui déclare *(page 38 du ſecond Mémoire)*, *qu'étant chargé de fortifier l'île d'Aix, il eſt parti au mois de mars 1779, & n'eſt revenu qu'à la paix en mars 1783.* Or, la batterie ſimple, ſolide & couverte, qui eût été convenable, même à l'empreſſement prétendu que l'on ſuppoſe, n'auroit pas demandé plus de ſix mois. Il eſt heureux au ſurplus, que la ſingularité d'un fort de bois ait amuſé les loiſirs de M. de Maurepas ; car ſi le projet du fort de pierre avoit paſſé (tel qu'il exiſte au dépôt de la guerre, bien & dûment ſigné), il en auroit coûté cinq millions pour avoir une repréſentation de ce qui eſt arrivé au cap de Bonne-eſpérance.

Après cela, qu'un Officier du Génie ait dédaigné le principal de la queſtion, pour s'attacher à l'inconvénient particulier de la fumée ; qu'il ſe ſoit établi là-deſſus une rixe qui a occaſionné des volumes d'écriture, très-peu importe ; le fait eſt que la batterie ne vaut rien, non-ſeulement parce qu'elle eſt *proviſionnelle*, & qu'en ce genre toute dépenſe

provisionnelle est une monstruosité; mais sur-
tout parce qu'elle manque au principe général de la défense des rades; à savoir, *que
ce n'est jamais par le nombre des canons qu'il
faut se proposer de rivaliser avec des vaisseaux,
mais uniquement par la qualité des feux & par
la sûreté de leur exécution.*

M. de Montalembert réclame *l'invention des
batteries casematées, exécutées au fort du Homet,
à Cherbourg;* mais en même temps il se plaint
amèrement *de ce que l'imitation n'a pas été
exacte* (page 4).

Ne s'agit-il que de satisfaire l'amour-propre
d'un auteur qui croit avoir inventé les casemates? nous consentons à tout, à condition
seulement qu'il approuvera que les anciennes
batteries casematées restent anciennes, à
condition, sur-tout, qu'il permettra que le
Génie ne consulte ses livres que pour s'en
éloigner attentivement. Il est connu d'ailleurs
que le grand mobile de la défense de la rade
de Cherbourg réside dans l'exécution simple,
facile & rapide du tir à boulets rouges, ainsi
que dans les préparations de l'action des
bombes; & il est de fait que M. de Mon-

talembert ne dit pas un mot dans ſes Mémoires de ces puiſſans moyens de défenſe.

Sur la contexture des affûts & des embraſures.

L'Auteur des compoſitions ſe livre à une longue diſſertation ſur les propriétés & les avantages de l'affût à aiguille, tel qu'il a été exécuté à l'île d'Aix ; il le compare, pièce par pièce, avec l'affût à double chaſſis exécuté par M. Meunier pour les forts de Cherbourg : il ſoutient que la contexture de l'affût ne peut contribuer à l'augmentation du champ du tir horizontal, & qu'on ne peut l'étendre que par une certaine diſpoſition dans la direction des joues des embraſures (page 13 & ſuiv.)

M. de Montalembert met une grande importance au plaiſir de ſaiſir, s'il le pouvoit, un géomètre en diſtraction. Malheureuſement il ne s'agit ici que d'un problème de la règle & du compas, dont un géomètre auroit pu dédaigner la ſolution. M. Meunier éclaircira cette affaire ; il reſte évident, en attendant, que la contexture de l'affût doit influer un peu plus ou moins ſur les degrés d'amplitude du tir.

A l'égard de la comparaison des deux affûts, on verra que M. Meunier appuie la difpofi-tion de fon double chaffis fur des expériences qui lui affurent toute préférence.

Il paroît clair, au furplus, que les embra-fures exécutées par M. Meunier donnent plus de prife que n'en auroit un tracé de ca-binet ; c'eft une fuite néceffaire de l'intention d'éviter l'ébranlement caufé par le foufle du canon. M. de Montalembert voudroit, lui, *voir fans être vu*, non pas d'une manière rela-tive, ainfi qu'on l'a expliqué à la note, *(page 34 ci-deffus)*, mais il le voudroit d'une ma-nière abfolue ; c'eft la quadrature en forti-fication, & affurément il n'y parviendra pas. Il rétrécit donc fes embrafures au point que la fecouffe violente du vomiffement de fes propres canons occafionneroit, dès les pre-miers coups, des ébranlemens, des disjonc-tions de parties qui en accéléreroient la ruine, avant même que les boulets de l'ennemi ne vinffent à les frapper.

Ce qui réfulte de plus pofitif de cette difcuf-fion, c'eft que M. de Montalembert n'a pas même profité des avantages qui peuvent fortir

quelquefois des défauts même. En effet, comme
les murs dont il couvre ſes caſemates, ont
très-peu d'épaiſſeur, il lui auroit été facile de
tracer ſes embraſures de manière à ce que la
bouche des canons pût ſortir, ou au moins
affleurer la ſurface extérieure des murs : c'eſt
dans ce cas qu'il lui auroit été permis de rétrécir
ſes embraſures à la moindre ouverture poſſible ;
il y auroit gagné de donner moins de priſe, de
ſauver les ébranlemens, & de n'avoir de fumée
dans l'intérieur des caſemates, que celle des
lumières, laquelle devient inſenſible en y em-
ployant des étoupilles préparées. Au ſurplus,
ces avantages ſeroient trop achetés par le défaut
capital des murs de trop peu d'épaiſſeur ; car,
ſi vous gagnez de n'être point ébranlé par vos
propres coups, vous êtes auſſi bien plus tôt
détruit par ceux de l'ennemi.

Il n'y a donc pas à héſiter dans cette alternative ; il faut préférer les moyens ſolides avant
tout : tels ſont ceux qui ont été exécutés à
Cherbourg *(1)*.

_____

(1) Ce qui doit décider ici en faveur des plus grandes
ouvertures, c'eſt que tout calculé, il eſt encore moins
meurtrier de recevoir un plus grand nombre de boulets,

M. de

M. de Montalembert infifte fortement fur les détails de fes affûts à aiguilles, comparés à ceux à double chaffis. Il paroît que la vanité d'auteur eft un peu compromife par des expériences qui dépofent contre les aiguilles : n'importe, il revient à la charge, & il dit qu'*on ne peut lui contefter le droit de regarder comme nulles*

---

que de favorifer la multiplication des éclats de pierre par les petites ouvertures. Mais le véritable intérêt de cette queftion confifte dans une difpofition qui ne puiffe caufer aucun ébranlement. En conféquence, voici le parti que nous prendrions : ce feroit de conferver aux murs toute l'épaiffeur qu'on leur a donnée à Cherbourg, & que nous tenons pour néceffaire : on y pratiqueroit des cafes intérieures, de manière que l'affût puiffe s'y avancer jufqu'au point de faire affleurer la bouche des canons avec la face extérieure des murs. Ces cafes ne diminuant l'épaiffeur que localement, n'altéreroient point la folidité de l'enfemble des murailles. Après cela, la cheville ouvrière de l'affût, deftinée à en faire pivoter le mouvement latéral, étant placée vers le milieu de l'épaiffeur reftante, on partageroit l'évafement de l'embrafure en dehors & en dedans, jufqu'au point de rétrécir l'ouverture du collet à ce qui feroit précifément néceffaire aux différentes converfions de la pièce. De cette manière on ne rifqueroit aucun ébranlement, on donneroit le moins de prife poffible, & tous les angles de l'embrafure étant, par ce tracé, plus forts & plus obtus, favoriferoient d'autant moins les éclats de pierre.

E

les expériences comparatives faites à Cherbourg sur ces deux espèces d'affûts (page 48 & suiv.).

Vous voyez donc bien que M. de Montalembert est invincible aussi bien qu'intarissable ; les expériences ne sont rien pour lui, & il s'est emparé *du droit de les regarder comme nulles.* Au reste, nous nous garderons de le suivre dans l'examen particulier de toutes les chevilles, boulons, loquets, roulettes, & d'une foule de détails dans lesquels il égare ses lecteurs, & avec la prétention de détruire l'effet de conviction qui résulte de plusieurs expériences authentiques dont les procès-verbaux existent.

Il s'agit de la précision & de la commodité du tir ; il s'agit de la célérité du retour des pièces en batterie : or, les épreuves déposent en faveur des affûts à double chassis, & nous croyons qu'on ne peut rectifier des faits constatés par des expériences, que par d'autres expériences encore mieux constatées. Lorsque M. de Montalembert les présentera, les Officiers du Génie se feront un devoir de les reconnoître ; ils supposeront même que l'animosité dont il est dévoré, n'est que l'effet d'un zèle pur de contribuer au progrès de leur art.

Sur le Fort de l'île d'Aix.

Il nous est impossible de réunir toutes les propositions répandues dans les Mémoires de M. de Montalembert, pour justifier la composition de son château de l'île d'Aix. Nous avons déjà fourni plusieurs observations à mesure qu'elles se sont présentées ; mais l'auteur y revient sans cesse, & c'est toujours pour faire valoir l'abondance des feux , l'absence de la fumée , puis les feux , puis la fumée . . . , Or, nous trouvons injuste qu'on lui ait contesté ces propriétés ; il en jouit sans doute dans toute leur plénitude, & pourtant ce fort ne vaut rien. Une seule raison dispenseroit de toutes les autres, puisqu'il manque de proportion, eu égard au principe général de la défense des rades ; car on ne peut trop le répéter, ce n'est que par la qualité & l'espèce des feux qu'on peut en imposer à l'inimitable quantité de canons des vaisseaux : vingt pièces couvertes & tirant à boulets rouges, eussent résolu ce problème d'une manière simple, permanente, & avec le quart des dépenses qu'on y a employées pour une jouissance *provisionnelle*.

Ce n'eft pas non plus qu'on ne puiſſe mettre en action toutes les bouches à feu de ce fort, ſans riſquer le danger des commotions trop fortes ; je ne ſais pourquoi l'on a eu des doutes là-deſſus : on devoit s'attendre que des bois fibreux & élaſtiques réſiſteroient aux diſloca- tions ; mais cette propriété même démontre que ce fort eſt mauvais, parce que les bois pourriſſent en très-peu de temps.

Si d'ailleurs l'auteur prétendoit faire valoir les caſemates de ce fort, on ſe borneroit à faire obſerver que ce ne ſont pas même des caſemates. Il eſt remarquable en effet, que pour prolonger un peu la durée de ce château *proviſionnel*, on a été obligé d'en déterraſſer la plate-forme, dont les terres imbibées nour- riſſoient une humidité funeſte ; on s'eſt même aviſé trop tard de décuiraſſer ce fort, & d'y ſubſtituer une couverture ordinaire, puiſqu'il a dû ſuffire que les terres reſtaſſent expoſées à l'imbibition pendant quelques mois, pour porter aux bois de cette conſtruction, un préjudice irremédiable.

Cependant M. de Montalembert écrit au- jourd'hui à toutes les puiſſances de la terre, pour affirmer que ce fort *eft dans le meilleur état poffible;* & pourtant, par une contradiction remarquable, il follicite infatigablement le Comité militaire & le Miniftre, pour faire ordonner inftamment toutes les dépenfes néceffaires aux réparations de ce fort. Il dit *qu'on le fera durer autant qu'on le voudra, comme les ponts de bois, par le remplacement des pièces pourries.*

On obferve à cet égard, que foit que l'on répare ce fort par fubftitution fucceffive des pièces pourries, foit qu'on le relève en totalité, cela reviendra toujours à peu-près à la même dépenfe d'un renouvellement complet tous les vingt ans; or, dépenfer environ onze à douze cent mille livres tous les vingt ans, pour conferver un monument à l'amour-propre d'un amateur, paroîtra peut-être un affez mauvais calcul, fi l'on confidère fur-tout qu'avec une dépenfe de trois cent mille livres, une fois faite, on obtiendra une difpofition mâle, fimple, folide & des plus raffurante pour le préfent & pour l'avenir.

Écoutez pourtant M. de Montalembert; il vous dira que les Officiers du Génie l'ont

supplié de leur fournir ce grand modèle de
fortification. *Ils n'ont songé*, dit-il, *à me consul-*
ter qu'en deux occasions, en 1761 pour mettre
en état de défense l'île d'Oleron, & en 1779
pour fortifier l'île d'Aix; mais l'état de guerre
où l'on étoit à ces deux époques, leur en faisoit
une nécessité; car la foi qu'ils avoient vouée à
leurs oracles ordinaires, leur devenoit inutile : ces
oracles étoient muets dans les cas semblables
(page 19, $1.^{er}$ Mémoire). Ici l'on voit des
Officiers timides, embarrassés, cherchant l'instruction, se jetant entre les bras d'un libéra-
teur...... Et ailleurs, le même auteur les
représente comme des hommes opiniâtres,
irrévocablement attachés à leurs anciennes mé-
thodes (page 4, $1.^{er}$ Mémoire).

La difficulté de concilier de pareils contrastes,
nous oblige à recourir aux faits; ils déposent
qu'il ne reste plus aucuns vestiges des travaux
de l'île d'Oleron; & l'on sait qu'ordinairement
les Officiers du Génie donnent à leurs ouvrages
une consistance plus durable. A l'égard des
fortifications de l'île d'Aix, outre qu'elles
tombent en ruine & qu'elles disparoîtront
incessamment, empressons-nous d'en disculper

les Officiers du Génie ; rappelons qu'il ne fallut pas moins que l'autorité immédiate de M. de Maurepas, pour les forcer d'abandonner cette entreprise à la direction de M. de Montalembert. Il se plaint lui-même en effet des *conflits & de la stagnance qu'a éprouvés son projet* (page 38, second Mémoire).

Le despotisme de M. de Maurepas étoit pourtant assez doux ; il parut se prêter un moment aux représentations de quelques Officiers du Génie ; mais les succès de Madame de Montalembert dans les arts agréables, attiroient à son théâtre tous les hommes de goût ; le vieux Ministre aimoit la comédie, & son insouciance pour les affaires de l'État, quelques autres considérations encore, cédèrent aux importunités de l'homme à système. Il est évident *que les oracles du Génie étoient muets dans les cas semblables.*

Au surplus, M. de Montalembert tire de grands avantages du suffrage de M. de Voyer, au sujet du fort de l'île d'Aix *(page 39).*

Qu'il s'établisse un commerce de politesses non motivées entre des Officiers généraux, on ne voit que cela ; que des jeunes gens se

rempliſſent des éloges que les maîtres de l'art
diſtribuent à l'encouragement, rien de mieux;
mais qu'un auteur qui ſe croit maître, & qui
même régente aſſez rudement, tranſcrive des
éloges pour étayer des *compoſitions* débiles,
il y a lieu d'en être étonné.

M. de Voyer ne ſe borne pas abſolument à
des éloges; il dit *que la fortification de M. de*
Montalembert exige moins de troupes pour ſa
défenſe (page 39); or, cette partie du ſuf-
frage de M. de Voyer n'eſt pas calculée.
Vous obſerverez en effet, que le principe
unique de M. de Montalembert en fortification, conſiſte à multiplier le nombre des
bouches à feu, ſans terme & ſans meſure; &
en conſéquence, il ne manque jamais d'employer trois ou quatre cents pièces de canons
à la défenſe d'un ſeul point. Il n'y en a pourtant
que cent cinquante dans le château de l'île
d'Aix; mais l'auteur a fait depuis d'aſſez
grands progrès dans l'art de fortifier, puiſqu'il
en propoſe juſqu'à quatre cent quatre-vingts
dans ſon projet du Fort-royal de Cherbourg.
Quoi qu'il en ſoit, il ne faudroit guère
moins de trois à quatre cents canonniers pour

fervir l'artillerie actuelle du fort de l'île d'Aix.
Nous penfons, nous, que ce feroit prodiguer
les hommes, puifqu'avec cent canonniers,
fecondés par une difpofition forte, tranquil-
lifés par des manœuvres fûres & fimples, on
feroit beaucoup plus affuré de faire refpecter
l'île d'Aix.

M. de Voyer ajoute encore à fon fuffrage,
que les feux du fort de l'île d'Aix font fupérieurs
à ceux des efcadres ennemies, & capables de les
faire taire (page 40).

Une partie d'efcadre emboffée devant le
fort de l'île d'Aix, lui oppoferoit au moins
cinq ou fix cents bouches à feu ; il n'eft donc
pas exact de dire *que les feux de ce fort font*
fupérieurs à ceux des efcadres de l'ennemi. Ce
n'eft donc pas, encore un coup, par la fupériorité numérique des bouches à feu, qu'on
doit fe propofer d'impofer filence aux efcadres
ennemies. Il eft vrai d'ailleurs que les feux
de terre exécutés de pied ferme, auront toujours une forte d'afcendant fur des canonnades
partant d'un fond mobile ; raifon de plus
encore pour ne jamais rivalifer avec des vaiffeaux par le nombre des canons. Il s'agit

seulement de les forcer de s'éloigner, & c'est
à quoi l'on parviendra toujours très-aisément
par le genre & l'espèce des feux, par des
bombes & des boulets rouges, & par la
sécurité des points d'où l'on pourra les faire
agir *(m)*.

Sur les Flancs & les Fossés en général.

ON sait que M. de Montalembert blâme
les flancs en toute espèce de fortifications,
sous le prétexte *que tout est flanc dans son
système angulaire*. Il ne sait donc pas que
l'objet des flancs est d'éviter les angles morts,
en éclairant toutes les parties d'une enceinte :
or, il est certainement très-curieux de voir que
celui qui croit mettre tout en flancs, manque
précisément le seul & principal objet des
flancs, qui consiste à sauver les angles morts.

(m) M. de Montalembert nous apprend lui-même
(*page 8, 3.ᵐᵉ Mémoire*) que M. de Voyer qui, dès
le principe, avoit dit beaucoup de mal du fort de l'île
d'Aix, finit par en faire de grands éloges. Je ne sais
si, au lieu d'accuser un homme de beaucoup d'esprit,
d'opinions versatiles, il n'est pas plus vraisemblable de
penser que M. de Voyer aimoit aussi la comédie.

On connoiſſoit cette ſingularité, mais on ne s'attendoit pas que l'auteur blâmât auſſi les foſſés. Il dit en effet *que les flancs du fort royal de Cherbourg, feront éternellement auſſi inutiles que le foſſé*; & il ajoute *que ce foſſé ne ſe trouve là que par le même effet de l'habitude de faire des foſſés à toutes les places de guerre* (page 32).

Comme cette propoſition ſemble déceler quelques ſignes d'abſence, on nous blâmera d'y répondre ſérieuſement, & cependant nous y ſommes forcés. Veut-on bien ſe repréſenter ce que ſeroit une forterefſe qui n'auroit ni flancs ni foſſés? on concevra aiſément combien il ſeroit facile de la ruiner de loin; on ſe diſpenſeroit des cheminemens laborieux & meurtriers; on ouvriroit des brèches; & ſi l'on éprouvoit quelques difficultés à les rendre d'un accès très-facile, on y appliqueroit le mineur avec d'autant plus de liberté, que n'ayant aucuns flancs à craindre, rien n'empê-cheroit d'aborder le pied de la muraille *(n)*.

(n) Il faut obſerver que l'intervalle qui exiſte entre le Fort-royal & ſon couvre-face, tient lieu de foſſé, & que

Parallèle du Fort-royal avec le projet de l'Auteur.

D'AUTRES observations se présentent relativement au Fort-royal, tel qu'il existe à Cherbourg, comparé à celui que M. de Montalembert lui oppose sur le papier. 1.º On reconnoîtra dans le fort existant une disposition parfaitement couverte par une enveloppe qui double l'action défensive ; c'est une batterie avancée servant de couvre-face, & qui conserve en leur intégrité des établissemens casematés, nécessaires à la défense du fort. Vous verrez au contraire dans le projet de M. de Montalembert, une grande masse découverte & décharnée, des murailles très-minces & dans un état de nudité effrayant, tellement que de loin comme de près, un pareil fort seroit entamé au principal, dès les premiers coups de l'ennemi.

---

celui dont il s'agit ici, n'est qu'une coupure qui, le cas arrivant de l'invasion du grand fossé, auroit pour objet de tenir l'ennemi éloigné de la muraille du fort, & de l'empêcher d'atteindre les crénaux du premier étage des casemates.

2.º On conçoit d'autant moins l'objet de ce dénuement, que l'auteur avoit entouré son fort de l'île d'Aix par une batterie avancée qui reſſembloit à l'intention d'un couvre-face, mais qui pourtant étant interrompue vis-à-vis le front du fort, ne rempliſſoit qu'imparfaitement l'objet de le couvrir. D'ailleurs, ſa batterie de canons du calibre de trente-ſix, au rez - de - chauſſée du même fort de l'île d'Aix, ſe trouve maſquée par ce couvre-face; elle ne peut tirer qu'à vingt pas, où il ne faudroit que des piſtolets. Or, M. de Montalembert ayant été averti de ces inconvenances, n'aura trouvé d'autre moyen d'y remédier dans le nouveau fort qu'il propoſe après coup pour Cherbourg, que celui de ſupprimer tout-à-fait le couvre-face. Comment donc concilier un compoſiteur qui varie à ce point ſans motifs apparens, & qui ſe contredit lui-même pour avoir occaſion de contredire?

3.º Les murailles du Fort-royal ſont ſolides & conſiſtantes; elles ſont proportionnées dans leur épaiſſeur, non-ſeulement au genre & à la durée de l'action que l'ennemi peut employer, mais elles le ſont encore eu égard

au degré de réſiſtance qu'elles doivent oppoſer
aux coups de mer. L'auteur ne donne, lui,
que quatre pieds d'épaiſſeur à ſes murailles,
elles feroient par conféquent démolies dès les
premières volées de l'ennemi ; mais il ne fait
pas qu'à ce même Cherbourg, dans des poſi-
tions moins expoſées que celles du Fort-royal,
la mer a emporté des murailles de ſix pieds
d'épaiſſeur , & qui avoient été conſtruites
avec le plus grand ſoin.

4.ᵉ Chacun des deux étages de caſemates
porte ſa voûte au Fort-royal , & c'étoit dans
l'objet de rendre ces deux étages indépendans,
afin que la ruine de la voûte ſupérieure n'en-
traînât pas celle des établiſſemens inférieurs.
Au lieu de cela , l'auteur ne propoſe qu'une
feule voûte à la caſemate ſupérieure, dont le
croulement certain entraîneroit par ſa chûte
la ruine de trois étages. (*Voyez ci-deſſus la
note, page 15.*)

5.° Vous remarquerez dans le Fort-royal
de grandes facilités pour communiquer &
circuler à couvert dans toutes les parties
intérieures & extérieures du fort ; vous
verrez au contraire dans le projet de l'auteur,

une vraie prifon fans relations quelconques avec les dehors.

6.° Vous trouverez dans le fort exiflant, l'appareil du tir à boulets rouges, préparé de manière à faire valoir toute la puiffance de ce moyen; vous ne pourriez balancer cet avantage dans le fort projeté, puifque la cumulation d'une artillerie ruineufe & fuperflue, feroit néceffairement encore très-inférieure au développement des feux d'une efcadre.

7.° Vous reconnoîtrez dans le fort une intention fuivie, des nuances de force relative aux circonflances locales; les moyens d'action y font dirigés fur les points utiles : ces proportions n'exiflent point dans le projet, ce n'eft qu'un foyer rayonnant également fur tous les points; & vous verrez que fur ceux même qui manquent de fond, & où les vaiffeaux ni les frégates ne peuvent atteindre, il ne dirige pas moins de feux que fur les autres.

8.° Des dez de maçonnerie repofant fur le rocher, élevés jufqu'à la plate-forme, fervent de bafe aux mortiers pour fauver l'ébranlement que leur exécution cauferoit à la maffe de l'édifice. La foibleffe des dimenfions de toutes les parties du fort projeté, ne comporte ni la force de lancer des bombes, ni celle de réfifter à leur chute.

9.° L'ouverture des casemates eft entière dans le fort exiftant, & l'évacuation de la fumée s'y fait très-librement ; elle feroit gênée dans le fort projeté, par des ouvertures réduites à des fenêtres.

10.° Tous les détails du Fort-royal montrent l'intention de la folidité, de la fécurité, d'une confiftance durable , & avec des mefures proportionnées & relatives aux objets qu'on fe propofe de remplir. Vous ne verrez dans le projet qu'un affemblage de colifichets, parmi lefquels il ne faut pas oublier les dix-huit tourelles contenant autant d'efcaliers en fpirales, où affurément il n'auroit fallu que trois communications fimples. Enfin un pareil ouvrage ne feroit qu'une cage très-foible & dont l'ébranlement, occafionné par l'action même de la défenfe, cauferoit encore plus d'effroi que celle de l'attaque.

L'auteur fe fauvera-t-il encore, fuivant fa coutume, à la faveur de la fatigue qu'il fait fi bien porter dans l'ame des lecteurs? Combien
de

de gens penfent en effet qu'il eft impoffible
qu'un fi grand difeur n'ait pas raifon ! il
aura beau fe débattre, il ne n'ui échappera
plus : nous lui ferons plus grace fur une
foule de détails incohérens ; mais nous le
ramenerons fans cefe au principe fondamental
de la défenfe des rades; & l'on fentira enfin
l'extrême ridicule d'entaffer à frais immenfes
quatre cent quatre - vingts pièces de canons
fur un feul point, & cela pour refter encore
inférieur aux feux de l'ennemi, tandis que
l'on pourroit rigoureufement affurer la même
défenfe avec la dixième partie de ces moyens.

Loin de nous cependant les opinions de
robe : en rendant toute juftice aux Officiers
du Génie qui ont contribué aux difpofitions
du Fort-royal de Cherbourg, nous penfons
qu'eu égard à l'effet décifif des bombes &
des boulets rouges dont ils ont préparé l'exécution avec tant d'art & d'induftrie, ils font
encore furabondans en nombre de bouches
à feu. Nous fommes donc bien loin de l'opinion de M. de Montalembert, lui qui leur
reproche d'être trop foibles, lui dont l'excef-
five prodigalité n'a pas craint de réunir dans

G

un feul petit fortin , plus d'artillerie que n'en exigeroit l'armement de fix grandes forte-reffes , & de les cumuler dans une cage incapable d'en foutenir feulement le bruit.

Après ce qu'on vient de voir fur des vices de conftruction abfolument inexcufables, eft-il croyable que M. de Montalembert fe répande en reproches contre les Officiers du Génie, fur *le peu de conformité qu'il trouve dans leurs ouvrages ! Différentes épaiffeurs de murs*, dit-il, *différens talus extérieurs, différentes épaiffeurs de voûtes, différentes épaiffeurs de pieds droits, différentes longueurs, largeurs & hauteurs dans les cafemates, &c.* (page 34).

L'auteur n'eft-il pas un peu en contradiction, lorfqu'il dit ailleurs *que les Officiers du Génie n'ont qu'une feule manière, qui eft pour eux une felle à tous chevaux !* (page 66)... Voudra-t-il bien nous permettre de lui repré-fenter que toutes ces différences font nécef-fitées par une infinité de nuances dans les pofi-tions & circonftances locales, ainfi que dans la deftination des objets ; qu'il feroit abfurde de donner autant d'épaiffeur à un mur qui ne peut être battu que de loin & de biais ,

qu'à celui qui feroit expofé à l'être de près
& directement; que la force des pieds droits
doit être relative à l'étendue des voûtes & aux
maffes qu'elles ont à fupporter; que l'expo-
fition extérieure des murs, ainfi que la qualité
des matériaux, doivent influer fur les différens degrés d'épaiffeur & d'inclinaifon dans
les talus extérieurs; que la force des voûtes
deftinées à réfifter à la chute des bombes,
doit être bien différente de celles qui n'ont
à fupporter que très - peu au - delà de
leur propre poids; que ces épaiffeurs doivent
éprouver encore mille variations, en raifon
des pofitions & des directions par lefquelles
la violence des percuffions peut être décom-
pofée; enfin que toutes ces différences font
conftamment foumifes à des calculs, par lefquels on ramène à l'égalité de réfiftance toutes
les difparités des conftructions !

M. de Montalembert a trouvé le fecret de
fe délivrer de tant de foins; il jette toutes
fes compofitions dans le même moule; & il
lui eft arrivé de nous propofer des forts tout
conditionnés pour occuper, à quatre mille
lieues de Paris, des pointes de rochers où il

G ij

ne falloit tout au plus que des murs fecs pour y faire acte de préfence feulement *(n)*.

On a pu fe convaincre enfin que l'auteur ne fait pas même que c'eft d'un art dont il **parle**, & d'un art très-compliqué ; il fuppofe en effet, qu'*il fuffit de feuilleter les planches de fon livre pendant quelques mois, pour devenir un excellent ingénieur* (page 23). Encore bien moins a-t-il foupçonné qu'il entroit dans cet art des combinaifons très-délicates, eu égard à la fituation morale des hommes deftinés à la défenfe, & auxquels il s'agit d'infpirer le fentiment de l'attaque.

Sur les marchés de Cherbourg.

L'aveuglement & la paffion trouvent encore affez de force dans l'imagination de **M.** de Montalembert, pour lui faire hafarder de foupçons contre l'intégrité des Officiers du Génie. Il ofe bien infinuer *que les forts de Cherbourg préfentent de tous côtés une furabondance de maçonnerie, qui ne peut être utile qu'aux*

_____

(n) Il s'agiffoit d'occuper les extrémités des deux branches de la montagne efcarpée qui cerne le Port-Louis, à l'Ifle-de-France. *(Voyez ci-deffus page 46.)*

seuls entrepreneurs, & qu'ils avoient un marché
tellement avantageux, que M. le duc de Beuvron
les a obligés de le résilier (page 3 3).

L'auteur devroit savoir que les prix des
marchés sont indépendans de la surabondance
vraie ou prétendue des maçonneries, tellement
qu'en effet on a pu & l'on a dû résilier le marché
en question ; mais on n'a pas changé pour cela
les dimensions des maçonneries : on le pouvoit d'autant moins, que ces dimensions étoient
nécessaires à de bonnes dispositions & à la
solidité des constructions ; c'est ce qu'on a dû
reconnoître à l'article précédent.

Au surplus, sans vouloir pénétrer d'où provient l'erreur de ce marché dont les prix
étoient effectivement ridicules, nous nous bor-
nerons à observer que cette adjudication isolée
n'avoit été surprise que pour le seul fort de
Querqueville, & qu'elle n'a eu aucune exécution ; que ce sont les Officiers du Génie qui
ont eux-mêmes averti de l'erreur de ce marché ;
qu'ils en ont sollicité & déterminé la résilia-
tion dans une visite faite en corps à M. de
Brienne, lors du voyage qu'il fit à Cherbourg
en qualité de Ministre ; que les mêmes Officiers

G iij

ont démontré depuis toutes les économies que
l'on pouvoit attendre d'une nouvelle adjudication ; qu'ils ont fourni à cet égard les moyens
de balancer tous les prix par les détails des
valeurs intrinsèques ; que ce travail a produit
enfin la lumière que demandoit la légitimité
des bénéfices accordés aux entrepreneurs.

Après tant de soins, de calculs & de démar-
ches pour consolider les travaux par les moyens
les plus économiques, après tant de preuves
de la plus scrupuleuse délicatesse, il est un peu
dur de se voir accusé *de ne composer des projets
que pour l'utilité des entrepreneurs.*

Les Officiers du Génie montrèrent plus de
circonspection à l'égard de M. de Montalembert, lorsque quelqu'un s'avisa d'expliquer
son système à canons, *par la seule raison qu'il
étoit propriétaire d'une fonderie ;* lorsque sur une
fourniture immense de canons pour la marine,
que le Gouvernement a très-bien payés, on
répandit *que pas une seule pièce n'avoit soutenu
les épreuves ;* lorsqu'on osa dire encore *que
l'inventeur d'un château de bois, n'avoit imaginé
cette bizarrerie que pour procurer aux bois de ses
forêts un débouché plus avantageux, &c....* ils

s'empreſsèrent de repouſſer toutes ces calom-
nies ; il leur parut que c'étoit déjà trop d'être
forcés de le traduire en mal-adreſſe.

Sur la rade de Cherbourg.

M. de Montalembert ſe livre à de plus
grands objets ; il s'agit de la préférence à
donner à la rade de la Hougue ſur celle de
Cherbourg ; c'eſt un peu tard. On a vu déjà
que l'intérêt d'auteur l'invitoit à n'arriver
jamais qu'après-coup : l'aliment lui manque
ſur les choſes à faire ; il trouve plus de facilité à ſe ruer ſur les choſes faites. Il attaque
M. de Caux à ce ſujet, ſuppoſant que des
convenances particulières auroient pu le ſéduire en faveur de Cherbourg ; il attaque
auſſi M. de Fourcroy, dont les complaiſances,
à l'égard des puiſſances qui ſollicitoient pour
Cherbourg, ne paroiſſent pas plus condam-
nables que celles qu'il a montrées ſur d'autres
objets, notamment lorſqu'il n'a pas eu la force
de réſiſter à la folle conſtruction du fort *proviſionnel* de l'île d'Aix.

Mais au fait, l'entrepriſe de Cherbourg,
ſur l'intérêt de laquelle ce n'eſt pas ici

l'occasion de parler, ne peut être imputée aux Officiers du Génie ; ce n'est point leur ouvrage, ils n'étoient là que fortificateurs, & l'on sait même qu'ils n'ont pas toujours eu la liberté de fortifier à proportion de l'importance des objets ; liberté qui, si l'on en juge par tous les ouvrages exécutés dans ces derniers temps, & où ils ont eu la main forcée, devroit assurément leur être rendue.

Il est connu d'ailleurs qu'un grand nombre d'Officiers du Génie ont exprimé très-franchement leur opinion, & cela dans le temps utile, non-seulement sur ce que l'entreprise de Cherbourg annonçoit de mesures fausses & gigantesques, mais encore sur l'objet général de cet établissement. On supposa qu'ils n'en vouloient qu'à la merveille particulière des cônes, & on leur ferma la bouche, en faisant répéter par mille voix, *qu'ils n'en parloient que par jalousie de métier (o).* Ils essayoient au

_____

(a) Il faut voir entr'autres réclamations, les Mémoires de M. Bouchet, chef du Génie à Cherbourg : il y mit tant de force & de vérité, qu'on se pressa de le dépayser ; car c'est ainsi qu'en usoient les ennemis du Génie pour avoir raison.

moins de rallier les opinions, car c'est-là sur-tout que le défaut d'unité d'intention a produit le plus d'écarts. Ponts & chauffées, États-majors, Génie, Académie, Artillerie, Conftructeurs de vaiffeaux, tous les Rois de la terre & de la mer s'en font mêlés, & tous, en y portant leurs prétentions refpectives, ont dû pour le moins altérer le mérite de l'enfemble qu'eût exigé une auffi vafte entreprife. Nous demandons à préfent s'il eft bien équitable à M. de Montalembert, qui prétend avoir été en état de parler dans le temps, & qui ne l'a point fait, d'imputer aux Officiers du Génie des erreurs contre lefquelles ils n'ont ceffé de réclamer.

Affûts, cafemates, ricochets, tours baftionnées.

APRÈS quinze pages en fecond acte fur des détails d'affûts, M. de Montalembert nous ramène au troifième acte des cafemates, puis au fyftème exclufif des bouches à feu; il s'abandonne enfuite à differter pour la quatrième reprife, fur tous les détails de l'affût à aiguille ; il revient aux cafemates, & c'eft pour dire *que le corps du Génie a dû profcrire les cafemates, puifqu'ils n'ont pu trouver les moyens d'en construire de bonnes* (page 59).

Il suffit de faire observer que loin de les proscrire, ils en ont fait exécuter toutes les fois que le Gouvernement en a voulu fournir les moyens, & ils en ont proposé par-tout où l'intérêt des positions l'a exigé; non pas à la vérité pour y entasser une artillerie monstrueuse & superflue, mais pour couvrir & réserver le nombre des pièces nécessaires, & pour les faire valoir dans les instans décisifs; non pour apoltronir les défenseurs & pour en amortir l'activité, mais afin de les garantir, & de raffraîchir leur énergie pour les momens où ils doivent agir; non dans la vue secrète de faire estimer les choses par la grandeur des dépenses, mais avec les mesures de l'utilité & du ménagement des finances de l'État.

M. de Montalembert réclame & crie qu'on lui a volé ses casemates, *que les Officiers du Génie ont cherché à les imiter.* Quand cela seroit, il semble qu'il devroit en être flatté. Le fait est qu'ils n'ont fait à Cherbourg qu'une application de moyens connus & pratiqués depuis plus d'un siècle, en y ajoutant tous les moyens de favoriser l'exécution du tir à boulets

rouges ; le fait est que M. de Montalembert
n'a jamais soupçonné, pas même après-coup,
combien par ce genre de défense il auroit pu
économiser sur ses désastreuses *compositions.*
Nous mettrons aussi dans l'ordre des faits
positifs & démontrés, que le Génie fera plus
avec cinquante pièces disposées à ce genre, que
M. de Montalembert ne pourroit faire avec
les quatre cent quatre - vingts canons réunis
dans la barraque canonnière qu'il nous propose.
Enfin, puisque cet inventeur blâme & critique
de toutes ses forces les dispositions des forts de
Cherbourg, on peut en induire au moins
qu'on ne lui a rien volé, & que les Officiers
du Génie se sont heureusement fort écartés
de ses inventions.

A l'égard de ces *bonnes casemates* dont le
compositeur prétend avoir le privilége exclusif, nous lui demanderons où elles existent.
Il ne citera pas assurément celles du cap de
Bonne - espérance ; moins encore celles des
plans qu'il nous propose, & dont le parallèle
ci-dessus a fait connoître les défauts insuppor-
tables ; il ne pourra donc nous offrir pour
modèle que les casemates du château de l'île

d'Aix, feul monument exiftant de la main de l'inventeur : or, ces prétendues cafemates de l'île d'Aix font mauvaifes ; & pour ne pas répéter toutes les raifons qui juftifient cette opinion, il fuffira d'exprimer *que ce ne font pas même des cafemates ;* qu'étant déterraffées, elles ne font réellement que des cafes de bois ; que fi le moindre bruit de guerre exigeoit qu'on les rechargeât en terre, elles tomberoient en pourriture au bout de quelques mois ; que fi elles étoient en pierre, ce feroit peut-être encore pis, puifque la belle batterie imitée à la pointe de l'Afrique, prouve encore mieux que toutes nos démonftrations, qu'il feroit impoffible d'en faire ufage.

M. de Montalembert obferve, *que les Officiers du Génie ont eu bien des occafions de reconnoître depuis l'ufage des batteries à ricochet, qu'il étoit impoffible de conferver de l'artillerie fur des remparts enfilés de tous côtés, & que pourtant ils n'ont jamais pu trouver les moyens d'y parer* (page 59).

Si les Officiers du Génie avoient, comme les auteurs à fyftème, la fureur infenfée de publier les procédés dont ils s'occupent pour

perfectionner l'art de conserver les hommes
dans la défense, s'ils mettoient au jour tous
les plans, dessins, cartes & mémoires qui
circulent entr'eux, ils inonderoient le monde
entier de leurs livres : je ne sais dans ce cas,
si cette communication aux puissances ennemies, n'atténueroit pas les avantages de l'industrie conservatrice. Quoi qu'il en soit, M. de
Montalembert ne devroit pas ignorer que les
préparations relatives à la conduite des défen-
ses, ne sont point exécutées dans les places de
France. Les retranchemens en retirades, les
traverses, la successibilité des communications
& des caponnières, les dispositions préparées
pour réserver à l'artillerie l'avantage des batteries en *traditores*, les mines dirigées à l'important objet des retours offensifs, les contre-
approches, les points couverts, & généralement tout ce qui tient, si j'osois le dire, à
l'ameublement de la défense ; toutes ces mesures, dis-je, sont réservées dans nos places
pour le temps du besoin, & l'on a cru pouvoir s'y borner aux dispositions d'attente....
Nous croyons bien que c'est un mal, car en
réservant ainsi plusieurs moyens essentiels,

pour ne valoir qu'au moment utile, il arrive
souvent que l'on s'y prend trop tard, & que
les places restent plus ou moins dépourvues.
Ces inconvéniens tiennent à plusieurs circonstances dont le corps fortifiant n'est point
responsable : une longue habitude de guerres
offensives & de sécurité sur nos frontières,
a fait que le Gouvernement ne s'est pas prêté
à des dépenses dont l'utilité lui a paru toujours
fort éloignée. D'ailleurs, les fonds des fortifications répartis sur une aussi grande étendue
de frontières, ont été nécessairement très-
modiques ; il s'en est suivi que l'on a été forcé
de se borner à l'entretien des bâtimens militaires, & tout au plus à celui des masses des
remparts *(p)*. En cet état de choses, les Officiers du Génie n'ont pu que préparer spécu-

_____

(p) Ce qui a le plus contribué à faire négliger toutes
ces mesures préparatoires, provient d'un vice de constitution. Si le corps fortifiant n'étoit pas dépourvu de tous
moyens d'action, s'il avoit une troupe à sa disposition, &
sur-tout si cette troupe étoit celle des mineurs, il auroit
toute facilité de procéder à la plupart de ces préparations,
& même avec très peu de dépense ; mais l'égoïsme de corps
retient les mineurs dans une école perpétuelle & dans la
plus profonde inutilité.

lativement les moyens de souſtraire les défenſeurs aux effets des ricochets. Ces moyens à
la vérité ſont militaires, & ils ne conſiſtent
pas, comme ceux de l'auteur, à renfermer tous
les défenſeurs dans des caves, & à les priver
ainſi de toute action défenſive; mais les Officiers
de ce corps, quoique trop ſouvent réduits au
rôle de penſeurs, n'ont pas ceſſé de s'occuper
de ces importans objets: ils ont propoſé des
moyens, des vues, des expériences ſur une
foule de procédés conſervateurs (q).

Ils ont ſi bien ſenti l'inconvénient général
du défaut de points de ſûreté, que par-tout
ils ont fait entrer dans les états d'approviſion-
nemens néceſſaires en cas de défenſe, une
grande quantité de bois propres à conſtruire
toutes eſpèces de blindages, & à former rapi-
dement des réduits de ſûreté & des caſemates

(q) Quelques Officiers du Génie ont fait des épreuves
qui annoncent qu'un braſier flambant, placé à un orifice
artiſtement diſpoſé, pouvoit, en raréfiant une maſſe d'air,
déterminer un courant capable d'évacuer très-prompte-
ment la fumée des caſemates; ces expériences, avec beaucoup d'autres, doivent être exécutées en grand.

paſſagères ; car n'étant pas en leur pouvoir d'en conſtruire de permanentes, ils ont au moins toujours inſiſté pour s'en réſerver les avantages au moment du beſoin.

Nous remarquerons à cette occaſion, que l'auteur du ſyſtème *perpendiculaire*, malgré la multiplication exceſſivement diſpendieuſe de ſes différens étages de caſemates, ne laiſſe pas d'avoir un premier étage de feux à ciel ouvert ; & celui-là, développé ſur ſes fronts *angulaires* dentelés, reſteroit en priſe à tous les effets des ricochets ; rien n'empêcheroit par conſéquent, qu'à la faveur de l'extinction des feux de ce premier étage, on ne cheminât juſqu'à la découverte des feux couverts, à l'égard deſquels on procéderoit avec la ſupériorité indiſputable qui accompagne toujours un attaquant. *(Voyez* l'article concernant l'*impénétrabilité des Places.)* Or, les lignes baſtionnées fourniſſent à cet égard infiniment plus de reſſources que les lignes *angulaires*. En effet, les courtines déjà naturellement dérobées par une direction parallèle à la poſition de l'attaquant, ſont encore couvertes par les

maſſes

maſſes des baſtions, ou par celles des cavaliers, ou par les galeries des tours baſtionnées ; au lieu que toutes les faces *angulaires* ne ſemblent feſtonnées que pour appeler les prolonge- mens des ricochets. Il exiſte d'ailleurs une infinité de moyens par leſquels on peut atténuer au moins les effets des ricochets ; mais ces procédés ne doivent jamais conſiſter à ſe cacher dans des caves : ſans doute que dans ce cas il y auroit ſécurité pour les défenſeurs, on ne peut le nier ; mais il n'y auroit plus de défenſe, parce qu'il n'y auroit plus d'obſtacles à la rapidité des progrès des cheminemens.

Nous devons avouer au ſurplus, que de la ſéparation des corps deſtinés aux travaux des ſiéges, il en eſt réſulté juſqu'à préſent que l'artil- lerie prend néceſſairement peu d'intérêt aux procédés qui n'appartiennent qu'à la défenſe ; & que le Génie n'en prend peut-être pas aſſez, dans la défenſe, à la conſervation des objets dont la diſpoſition appartient excluſivement à des parties rivales. Ces inconvéniens ne ſont que trop réels, mais il n'eſt pas moins vrai que des moyens exiſtent, que la plupart

H

font indiqués, & qu'ils font même très-multipliés *(r)*.

M. de Montalembert infifte encore fur ce *que les Officiers du Génie n'ont jamais pu trouver*

(r) Parmi les nombreux moyens propofés par les Officiers du Génie pour fe dérober aux ricochets, nous parlerons de l'idée des batteries de charpente maffive, dont les pièces de bois numérotées & confervées en magafin, peuvent fe monter & fe démonter avec la plus grande célérité. Comme les pièces de bois qui compofent les parapets de ces batteries, ne prennent qu'une épaiffeur de cinq pieds, lorfqu'elles font montées, on les engage dans l'épaiffeur des parapets de terre qui ont dix-huit pieds ; en forte qu'il refte des cafes de treize pieds, dans lefquelles les manœuvres des canonniers fe font parfaitement à l'abri des prolongemens des ricochets, & fans caufer le moindre embarras dans les communications des remparts, lefquels reftent abfolument libres.

La bouche des canons pouvant affleurer la face extérieure de ces parapets de charpente, il s'enfuit que l'évafement des embrafures peut fe réduire à la plus petite ouverture poffible, ce qui donne par conféquent très-peu de prife.

Indépendamment de ces avantages, ces batteries pouvant fe monter & fe démonter en moins d'une heure, difparoiffent dès l'inftant où les directions des batteries attaquantes font déterminées : on les remonte pendant la nuit fur d'autres points, contre lefquels les attaquans n'ont aucunes directions préparées. Il réfulte de cette mobilité, que l'attaquant forcé de retourner à tous momens

les moyens de rectifier les défauts des casemates
des tours bastionnées (page 59).

L'auteur ne connoît pas la vraie destina-
tion des tours bastionnées; il ne sait pas que
ce sont autant de points de sûreté pour les
hommes, & de magasins couverts pour les
munitions; il ne sait pas qu'au moment où
elles entreroient en action, comme casemates
à feu, elles jouiroient de toute leur intégrité
contre les logemens que les attaquans auroient
à établir sur les contre-gardes; il ne se doute pas
que ces feux, ainsi réservés pour le moment le
plus utile de la défense, rempliffent l'important
objet de *voir fans être vu.* (*Voyez la note ci-deffus,*
page 34.) Or quelques pièces ainsi difposées,
ne pouvant être démontées, feront vrai-
ment redoutables, & donneront infiniment
plus d'avantages qu'on ne pourroit en attendre
de tous les canons entaffés par l'inventeur ;
d'autant qu'à la manière dont il les cache
derrière des murs auffi minces, expofés à toute
la violence des contre-batteries de l'attaque, ils

---

fes directions, feroit fort déconcerté dans fes mefures.
Il exifte une de ces batteries dans les magafins de Landaw.

H ij

ne serviroient, dans la ruine des ouvrages , qu'à
groffir le volume de leurs décombres (ſ).

Il eſt vrai d'ailleurs que la diſpoſition con-
centrée des tours baſtionnées, ne comporte
pas que les caſemates puiſſent reſter aſſez
ouvertes du côté de l'intérieur, pour déterminer promptement l'évacuation de la fumée ;
mais il eſt très-facile de remédier à cet inconvénient, en y appliquant les procédés dont
on a parlé , & du ſuccès deſquels nous pouvons répondre.

M. de Montalembert nous oppoſera, ſelon
ſa coutume, le ſentiment particulier de quelques Officiers du Génie, dont le goût les

---

(ſ) Il paroîtra trop fort de dire que l'auteur n'entend
rien à ces matières, lui qui entend ſi bien d'ailleurs l'art
de ſe faire valoir en déprimant, ou , lorſqu'il ne ſe ſent
pas aſſez de force, celui de mettre en avant des détracteurs
adroitement choiſis. C'eſt ainſi que dans le faux eſpoir
d'accréditer *ſes compoſitions* , il eſſaya il y a quelques
années, de faire *canonner* ſur la réputation de Vauban.
Le provocateur prévit aſſez bien que quelques Officiers
de l'artillerie , flattés d'une fortification toute *canonnière* ,
prendroient parti dans cette affaire : il eſt vrai que l'attaque
n'atteignit pas même le piédeſtal d'une ſtatue révérée ;
mais les progrès de la rivalité n'en devinrent que plus
actif , & ils parviendront bientôt au point de ne pouvoir
plus en différer le remède.

portoit à préférer les batteries en plein air.
Qu'importe les opinions isolées! le fait est
que nous avons des casemates, que nous
cherchons à en perfectionner l'usage, que
nous voudrions pouvoir l'étendre, & que
nous rapportons des principes universelle-
ment adoptés dans le corps du Génie (t).

Il ne reste donc plus enfin de *la fortification
perpendiculaire ou casanière*, que le mérite incontestable de *cent trente planches parfaitement
gravées* ; mais il ne faut pas dédaigner les
avantages d'une discussion qui, en raffermis-
sant dans les vrais principes de l'art, pourra
contribuer à ses progrès.

Nous pourrions compter aussi pour quelque
chose, que l'auteur n'ait pas avancé une proposition, pas un projet, pas une seule idée
dont il ne soit résulté à l'examen, un nouveau
degré de confiance en faveur des moyens
pratiqués dans le corps du Génie ; que dans
le nombre des inculpations hasardées contre

(t) L'auteur s'est-il persuadé que l'esprit de corps
nous fera soutenir indistinctement tout ce qui part des
individus qui lui appartiennent! il se trompe : qu'il ait
seulement, lui, l'apparence d'une idée saine, il verra
si nous savons rendre justice.

les Officiers de ce corps, non-feulement elles
font retombées fur l'aggreffeur inconfidéré,
mais il n'en eft pas une feule dont ils n'euffent
fait naître une occafion d'éloge, fi le fentiment de l'honneur en avoit befoin.

POSTSCRIPTUM.

On dit que M. de Montalembert effayera
de foutenir l'édifice qu'il a élevé avec tant de
peines, & que pour cela il en appellera à
fes volumineufes productions, dans lefquelles
on trouveroit, au befoin, de quoi foutenir le
pour & le contre fur des points très-effentiels,
mais qui fourniroient plus fûrement l'occafion
de noyer toutes les queftions ; & c'eft ainfi
que le public fatigué préféreroit peut-être
de refter dans l'indécifion.

Nous déclarons donc que c'eft aux derniers
Mémoires publiés en 1790, que nous nous
fommes propofé de répondre ici ; que ces
Mémoires n'étant, par le fait, que les réfumés
généraux de la *Fortification perpendiculaire*, il
s'enfuit qu'ayant renverfé ces réfultats, nous
avons néceffairement effacé tous les ouvrages.

Nous invitons M. de Montalembert à fuivre
cette marche ; c'eft à nos réponfes qu'il faut

qu'il réplique directement, article par article & sans ambiguïté. Il est temps d'abandonner l'art, aujourd'hui méprisé, de donner le change au public en s'attachant à des parties foibles & étrangères aux questions dont il s'agit ; c'est à nous enfin qu'il faut qu'il réponde, & point à d'autres.

APRÈS avoir délibéré attentivement sur tous les objets contenus dans ces réponses, Nous soussignés avons reconnu que les discussions relatives à la fortification, présentent des résultats conformes aux vrais principes de cet art.

Signé *Derafière, Duvignau, Vialis, Doiré, de Lerse, Saint-Honoré, Pusy, Bouffemard, de Caire, Daumont Daumale, Bouchet, Blaquetot, Desandrouins, Bouligney, Milet, Des Hauts Champs, Golbery, Sanlot, Robien, la Luftière, Phelines, d'Abadie, Riballier, Chantrans, Derbigny, Villelongue, O-Kennedy, Richard, Rivié, Lapeyrouse, Deroys, d'Assigny, Pinsun, Chermont, Gordon, Desportes, Favart, Lamothe, la Borde, Morlet, Laubaderre, Daumont fils, Saint-Laurent, Beaufort, Saxy, Chambre, d'Opterre.*

Nota. On ne rapporte ici que l'adhésion des Officiers du Génie qui ont pu se réunir, ou à qui l'on a pu communiquer les manuscrits de ces Mémoires.

www.ingramcontent.com/pod-product-compliance
Lightning Source LLC
Chambersburg PA
CBHW052037270326
41931CB00012B/2524